서른 살, 나에게도
1억이 모였다

국가대표 무술소녀, 은퇴 후
0원에서 1억 만들기 프로젝트

서른 살, 나에게도
1억이
모였다

이혜미 지음

청림출판

그 무엇도 포기할 이유는 없다

10억! 100억! 흔히 성공한 사람들이 제시하는 억 소리 나는 성공의 기준. 과연 나도 가능할까? 수중에 1,000만 원도 채 없는데? 그렇다고 돈에 쪼들리는 삶에 순응하고 싶은 생각은 추호도 없다. 결혼 준비 하느라, 자녀 교육 때문에, 노년을 준비하려고……. 사람들은 인생에서 대부분의 시간을 돈 버는 데에 저당 잡히며 살아간다. TV로 직장인의 삶을 볼 때마다 숨이 턱턱 막혀온다. 나도 저렇게 스트레스를 받으며 상사를 견뎌내고, 눈물 삼키며 아이를 떼놓고 출근하는 엄마가 되어야 할까? 나는 싫다. 큰 부자는 하늘이 만들지만 작은 부자는 부지런하면 된다 했다. 최소한 돈이 없어서 억울하게 살지 않을 정도면 된다.

본격적으로 돈을 벌기 시작하면서부터 내가 세운 목표도 일이나 꿈에 대한 것이 아니었다. '돈' 그 자체였다. '돈'에 대해 자유로워질 때까지만 한번 달려들어 보자!

하지만 흔히 부자의 기준이라 말하는 10억, 100억은 나에게 너무나 멀게 느껴졌다. 너무 큰 금액이라서 돈 같지도 않았다. 그런 내게 그나마 현실적인 숫자는 1억이었다. 천릿길도 한 걸음부터라고 1억을 모으면 그다음 단계로 가는 방법도 알 수 있을 것 같았다. 평범한 사람이라면 몇 년 동안 일을 해서 대개 1억을 모으지는 못해도 벌 수는 있다. 버는 돈을 한 푼도 쓰지 않고 모은다면 1억을 손에 쥘 수야 있겠지만, 현실적으로 불가능한 일이다. 게다가 내가 첫 직장에서 받던 월급 100만 원으로는 어림도 없었다. 작정하고 재테크 비법들을 연구해보니 100만 원의 월급으로 통장을 쪼개고 펀드에 넣고 주식을 사는 것이 우스웠다. 연 10% 수익이 나는 대박 상품이 있다고 해도, 연봉 1,200만 원을 한 푼도 안 쓰고 몽땅 투자해도 고작 120만 원이 내 손에 더 들어올 뿐이다. 월급이 오르리라는 보장도 없고……. 이래서 어느 세월에 부자가 될 것인가? 나는 과감히 재테크 공부를 집어치웠다. 푼돈 버는 방법을 연구하느라 머리를 싸매는 대신 나만의 새로운 전략을 세웠다.

"더 벌자!"

최고의 방어는 공격이라고 하듯, 최선의 재테크는 더 버는 것이다. 예를 들어, 단순히 저축만 한다고 가정했을때 월 50만 원씩 저축하면 16년 후에, 월 100만 원씩 저축하면 8년 후에야 1억을 모을 수 있다. 그런데 살다 보니 이런 공식은 허무했다. 긴 병에 효자 없고 장기전에 남아나는 병사 없다. 20대 중반에게 8년이라는 시간은 엄청난 변수를 안고 있는 세월이다. 결혼을 한다거나 아이가 생긴다면? 감당할 수 없는 변수가 될 것이다. 결혼하기 전에, 아이가 생기기 전에 미리 바짝 모아야 한다. 그래서 또 생각했다.

"빨리 더 벌자!"

돈이 많이 모이면 돈이 돈을 번다고 한다. 그런데 그런 건 하나도 안 궁금했다. 내가 **궁금한 것은** 아무것도 없는 상태에서 어떻게 1,000만 원을 만들고 1억을 만드는지였다. 내게 아무것도 없던 시절, 1억을 모은 어른들에게 물어보니 다들 어렵지 않게 종잣돈을 모았다고 말씀하셨다. 대출금을 갚고 보험금이 나오고 적금 만기가 돌아오고 시간이 흐르다 보니 1억이 만들어졌다는 것이다. 하지만 무일푼인 나에게는 1억이 말처럼 쉬워 보이지 않았다. 기껏 통장에 몇백만 원 모아놓으면 빠져나가기 일쑤인 것이 돈 아니던가.

하지만 다니던 직장 대신 내 사업을 꾸려서 일을 해보니 돈이 모이기 시작했다. '투잡'에 '쓰리잡'을 시작하니 돈이 좀 더 빠르게 쌓여갔다. 한 방에 버는 기적 같은 일은 없었다. 돈이 모이는 과정은 정직했다. 시간도 확실히 필요했다. 수입은 늘어났지만 자만하지 않고 처음처럼 겸손하게 돈을 모았다. 그랬더니 서른 살의 어느 날, 나에게도 1억이 모였다.

처음부터 내가 꿈꾼 것은 벼락부자가 아니었다. 내 눈앞에 놓인 내 삶을 단단히 준비하고 싶었다. 내 가족만이라도 잘 챙기며 최소한의 효도를 하고 싶었다. 특히 결혼할 때 집에 손 벌리고 싶지 않았다. 아들딸 살림이 쪼들릴까봐 먹고사는 데 보태 쓰라고 예단, 예물마저 생략한다는 요즘 이야기를 들으니 다리에 힘이 빠졌다. 자식을 출가시키는 것이 부모님에게도 보통의 의미가 아닌데 시집가면서 해드릴 마음의 선물마저 내 살림을 핑계로 포기하고 싶지는 않았다. 당당하게 신혼집 구하는 데 한몫하고, 눈치 보지 않고 내 부모님 챙겨드리려면, 그리고 미래의 내 자식들이 돈 때문에 엄마와의 시간을 잃지 않으려면……. 소중한 사람을 위해 돈은 반드시 필요했다. 이것이 내가 1억을 첫 목표점으로 잡은 이유다. 그 이후의 재테크는 그때 가서 다시 생각하면 될 일이다.

세상은 우리를 보고 '다포 세대'라고 한다. 못생긴 사람 면전에 대놓고 못생겼다고 이야기하는 것처럼 실례가 아닐 수 없다. 별로 좋지도 않은 이야기를 자꾸 들으니 질린다. 사회와 어른들의 '기대'에 반항하고 싶다. 학창 시절 나는 한국의 입시 제도가 너무 이상하다는 생각에 수능을 치는 대신 중국으로 무술 유학을 떠나버렸다. 태극권 국가대표가 되어 금의환향했지만 정작 좋아하는 우슈로는 먹고살기 빠듯함을 깨닫고 다시 원점으로 돌아갔다. 그리고 남의 회사에서 일하는 대신 나만의 돈 버는 방법을 고민했다. 부지런을 조금 떠니 흔한 '직장인 병'에 시달리지 않으면서 일을 할 수 있었고, 궁색을 조금 더 떠니 예상보다 빨리 1억을 모을 수 있었다.

100만 원의 월급을 받으며 시작했던 나의 1억 만들기 여정은 결코 놀면서, 즐기면서 할 수 있는 만만한 일이 아니었다. 하지만 가만히 있었으면 100만 원 월급의 굴레에서 결코 벗어날 수 없었을 것이다. 부동산 한 방, 창업 대박과 같은 운 좋은 케이스는 내게 해당사항이 없다. 내가 한 노력들은 천재지변이 일어나지 않는 한 나를 배신할 리 없는 현실적인 방법들이었다. 노력해서 부자가 될 수 있다면 체력과 정신력을 쏟아부을 준비는 되어 있었다. 겨우 스물일곱! 자본금을 크게 투자하거나 요행을 바라는 것도 웃기는 나이다. 젊을 땐 맨손으로 맨몸으로 부딪쳐야 제 맛이다. 그랬기에 기를 써가며 더 벌고, 안 쓰고, 모았다. 이것이 내가 한 재테크의 전부다.

이 책은 '나처럼 하면 1억을 벌 수 있다'거나 '이렇게 하면 한 방에 큰돈을 만질 수 있다'를 알려주는 비법서가 아니다. 사람마다 상황과 환경이 다르기에 내 이야기가 표본이 될 수는 없을 것이다. 하지만 내가 1억을 모으기 전에 다른 사람들이 어떻게 첫 1억을 모았는지를 들으며 돈에 대한 열정을 유지하거나, 때로는 나만의 힌트를 얻기도 했던 것처럼 내 이야기가 출발선상에 선 당신을 응원하는 메시지 역할은 충분히 할 수 있을 것이다. 내 이야기를 듣다가 난데없이 '나도 뭔가를 하고 싶다'는 마음이 든다면, 당장 책을 집어 던지고 실행하러 나갔으면 좋겠다. 그런 이유로 내 책이 중간에 내버려지기를 바란다.

1부 내가 1억을 모은 이유

4부 온전히 나답게 살기 위한 인생 공부

부록 창업 실전 팁

1부
내가 1억을 모은 이유

당신도 모으고 싶습니까, 1억?

(1,000만 원이든 1억 원이든, 여러분이 목표로 설정한 그 액수를 떠올리며 질문에 답해보세요.)

1억을 모으면 어디에 쓸 건가요?

목돈을 모으기 위해 현재 어떤 노력을 하고 있나요?

지금보다 돈을 좀 더 바짝 모으기 위해 당신에게 어떤 변화가 필요할까요?

1억을 모으는 기간을 얼마로 잡았나요?

목표 달성을 위해 '이번 달, 이번 주, 오늘' 당장 해야 할 일은 무엇인가요?

1억 다음의 목표는 무엇인가요?

당신이 1억 모으기를 달성하면 가장 기뻐해 줄 사람이 누구인가요?

누가 날 200만 원짜리
인생으로 단정 짓나?

> "돈 버는 방법이 이렇게 많은데,
> 평생 회사에서 정한 일당만 받고 살고 싶은가?"

사람들의 기준이라는 것이 참 희한하다. 나에게 적용할 때와 남에게 적용할 때가 다르다. 나에게 후한 기준은 남들에게 짜고, 나한테 짠 기준은 남들에겐 후하다. 예를 들어 남의 연봉 3,000만 원짜리 직장은 등 떠밀 만큼 훌륭한 직장이지만, 내 연봉 3,000만 원짜리 직장은 돈은 조금 주면서 일은 죽도록 시키는 힘든 직장이다. 취업 준비 시절, 한 달에 200~300만 원만 벌면 괜찮은 직장이니 따지지 말고 취업하라고 하는 사람들의 이야기를 들으면 속상했다. 아무리 계산을 해봐도 그 정도 돈을 벌어서는 평생 돈의 노예로 살아야 할 것 같았기 때문이다. 결혼하느라 목돈이 쑹덩 잘려 나갈 테고 자식 하나둘 키우려면 맞벌이를 해도 허리가 휠 게 분명했다. 게다가 월급은 거저 주나? 월급이 많을수록 하는 일은 더 고달프고 스트레스는 가득 차오를 것이다. 200~300만 원이 아니라 더 많이 그리고 덜 힘들게 벌지 않고서는 미래가 도무지 보이지 않았다.

남들이 부러워하는 직장에 들어가 월급 받으며 사는 것. 그 직장에 만족한다면 괜찮겠지만, 퇴근 시간만을 기다리며 금쪽같은 시간을 때우기만 하는 일이라면 군이 평생 그렇게 살아야 할까? 평생직장 개념이 없어지면서 언제 잘릴지 모르는 일을 하고 있으면서도 사람들은 직장에서 받는 월급에 너무 많이 의존한다. 돈을 버는 방법이 세상에는 이렇게 많은데 말이다. 또한 하루에 벌 수 있는 돈은 무한정인데도, 직장에서 정한 내 일당에 만족한다. 월세 수입이 있거나 프리랜서로 자신의 재능을 팔아 손쉽게 돈을 버는 사람들의 이야기를 들으면 '그건 그 사람이니까 가능한 일이지' 하며 자신과 상관없는 일이라고 단정한다. 그 누구도 그렇게 정해주지 않았는데 말이다. 지금 이 시점에서 스스로가 최선을 다해 생각해볼 필요가 있다. 돈 벌 방법이 정녕 이것뿐인가? 나의 가치만큼 돈을 벌고 있는가? 이 직장이 나에게 최선일까? 내가 평생 꾹 참고 버틸 수 있는 일인가? 이보다 나은 대안은 없는가?

하고 싶은
일을 하자

나는 하기 싫은 일을 꾹 참고 할 근성도 없었고 고집도 세서 입 꼭 다물고 얌전히 학교를 다닐 성격도 못 되었다. 중·고등학교 시절 몇 번의 고비가 있었지만, 부모님과 졸업만은 하기로 약속했다. 하지만 성인이 되면 절대 누구의 강요에 의해 힘들게, 고통스럽게, 스트레스 받아 가며 살지 않을 것이라고 다짐했다. 어른들은 그런 나를 보며 철들면 그런 생각도 변할 것이라고 했지만, 나는 죽을 때까지 이 고집을 꺾지 않을 생각이다. 물론 남들과 다른 길을 걷는다는 건 쉬운 일이 아니었다. 못해도 보통 사람들이 대학 준비 혹은 취업 준비에 들이는 것만큼은 힘들었다. 그 무엇도 공짜로 주어지는 것은 없으니 말이다. 하지만 그 과정이 괴롭지는 않았다.

대학교와 대학원을 다니며 도합 7년이나 중국에 살았던 나에게 어른들이 하나같이 권했던 일은 중국어 강사나 우슈 지도자였다. 비교적 어렵지 않게 일하며 먹고는 살 수 있을 거라는 뜻이었을 것이다. 하지만 나는 20대에 지금까지 쌓아 올린 작은 탑에 의지해서 평생을 사는 것이 싫었다. 새로운 것을 접하며 지금보다 더욱 잘할 수 있는 일을 찾는 것이 아니라 그동안 해놓은 것을 우려먹고 사는 기분이 들었다. 기왕 돈을 벌 바에는 돈만 벌지 않고 배움도 있는 자기 계발적인 일을 했으면 했다. 특히 은퇴한 운동선수에게는 과거의 영광이 인생의 전성기였던 것처럼 비춰진다. 스물셋에 아시안게임 한 번 출전한 것이 내 인생 최고의 일이라면 너무 슬플 것 같았다. 게다가 중국어 강사나 우슈 지도자는 미래가 창창한 일도 아닌 데다 급여도 많지 않았다. 굳이 당장 눈앞에 닥친 급한 현실에 안주해 200만 원짜리 인생으로 평생 사는 것을 스스로 용납할 수가 없었다. 그래서 월급 100만 원짜리 부동산 회사에 취직해 낮에는 부동산 일을 배우고 밤에는 인터넷에서 물건을 판매하며 고단한 사회생활을 시작했다. 남들 눈에는 초라한 시작처럼 보였겠지만, 가슴은 기대감으로 가득차 있었다.

그 결과 100만 원 월급을 쪼개 살던 초반 성적과는 다르게, 3년이 지났을 때는 한 달에 300만 원씩 저축하며 살 수 있었다. 더 좋은 것은 작은 회사를 운영하지만 남들보다는 자유롭게 살 수 있다는 것이다. 하고 싶은 일을 벌일 때는 주말도 잊고 몇 날을 꼬박 새며 '회사 놀이'에 심취하지만, 크게 바쁘지 않을 때는 직원 눈치 보며 몰래 회사에서 빠져나와 피부 관리를 받거나 운동을 하며 숨 쉴 틈도 스스로 찾는다. 내가 정한 일과를 마친 후에는 학원도 다니고 취미생활도 마음껏 한다. 그 과정에서 새로 접한 일들이 투잡이 되기도 하고 새로운 사업으로 이어지기도 한다.

내가 살고 싶었던 인생이 이런 것이었다. 열심히 살되, 어디 얽

매여서 강제로 일하지 않는 삶. 일정 수입을 유지하면서 크게 스트레스 받지 않고 즐겁게 일하는 삶. 과거의 영광에 발목 잡혀 나이 듦이 실망스러운 것이 아니라 시간이 지날수록 일의 깊이가 깊어져 나이 듦이 반가워지는 삶. 그리고 결론적으로 사는 게 행복하다고 자신 있게 말할 수 있는 삶.

학교 다닐 때 우리는 경제 교육을 받은 적이 없다. 어떻게 살 것인가에 대한 철학적인 고민도 없었다. 생각할 힘이 없는 게 아니라 생각할 기회가 없었던 것 같다. 나는 지금도 눈을 또르르 굴리며 고민한다. 지금 여기서 만족해야 하나? 더 재미있는 일은 없나? 그리고 당장 한 달에 얼마를 벌 수 있을지가 아니라 어떤 모습으로 어떻게 살고 싶은지에 대한 고민을 한다. 더 괜찮은, 더 아름다운, 더 여유로운 삶을 살아야지. 정해진 월급만으로 쪼개 살면서 행복을 찾기에는 너무나 많은 세월이 필요하다. 그 세월을 조금이라도 줄이기 위해서는 더 빨리, 그리고 더 많이 돈을 버는 방법을 고민할 수밖에 없다. 지금도 늦지 않았다.

삶은 장사다

"우리는 모두 이미 장사를 하고 있다.
시간을 팔아 공부를 하고 배움을 팔아 돈을 번다."

어떤 일을 하면 멋있을까? 무엇을 하면 성공한 삶이라고 이야기하는 걸까? 공부 대신 내가 선생님들에게 하는 질문은 늘 이랬다. "좋은 대학 졸업하고 나면 그냥 직장 들어가는 거예요?" "좋은 데 시집가고 나면 그냥 아줌마로 살아야 하는 건가요?" 원래 생각이 많은 사람이 공부를 못하는 법이다.

내가 하고 싶은 공부 때문에 부모님이 얼마나 희생하셨는지 두 눈으로 봐왔기에 나는 어서 빨리 자랑스러운 딸이 되고 싶었다. 열심히 운동한 결과는 반짝이던 그 순간뿐. 지나고 나니 아무것도 아니었고, 누가 봐도 폼 나는 전문직을 갖기에는 다시 처음부터 시작할 엄두도 나지 않을뿐더러 내 적성에도 맞지 않았다. 죄 지은 사람을 매일 봐야 하는 판검사나 아픈 사람을 매일 봐야 하는 의사가 과연 행복할까 하는 생각이 들었다. 그리고 전문직이라 불리는 이들도 돈 앞에서 무릎을 꿇는 경우가 생긴다. 고고하게 살고 싶어도 살면서 한번쯤은 그런 사정이 생기는 것을 다양한 매체를 통해 접하지 않던가.

돈 벌러 사회에 진출해야 할 즈음 문득 이런 생각이 들었다. 공부를 들고파든 무슨 기술을 배우든 간에, 그들도 결국 무언가를 팔아서 돈을 버는 것이 아닌가. 회사라는 것도 알고 보면 대단한 비결을 가지고 운영을 하는 것이 아니다. 결국은 뭐든 가져다 팔아서 이익을 남기면 되는 것이었다. 콘텐츠든 재화든 싸게 만들어서 비싸게 많이 팔면 남는 게 아니던가. 변호사와 의사는 자신의 능력을 팔고, 선생님은 배운 걸 팔아 돈을 벌고, 예술가는 작품을 팔고 입장권을 팔아서 먹고산다. 거기까지 생각이 미치자 돌연 삶이 보였다.

"삶은 장사다!"

이제 돈 이야기는 어느 정도 자유롭게 하는 것 같다. 애들도 안다. 돈 없으면 서럽다는 것을. 하지만 '장사' 이야기를 하면 여전히 손사래를 치는 사람들이 많다. "장사? 아무나 하는 것 아니잖아요. "나는 평생 회사원 체질인걸요." 이렇게 말하며 꾹 참고 산다. 사는 것이 만족스럽지 않아도. 그런데 사실 우리는 모두 이미 장사를 하고 있다. 내가 가진 것 중 가장 만만한 시간을 팔고 있다. 시간을 팔아서 공부를 하고 기술을 배운 다음, 그걸로 돈을 번다. 회사는 급여로 당신의 시간을 사서 이익을 남긴다. 하지만 팔 줄 아는 것이 시간밖에 없다면, 여유 있는 삶을 즐기는 데 제약이 많아진다. 평생 시간만 팔다가 더 이상 써주는 곳이 없으면 그제야 물건을 팔려고 하니 치킨이, 커피가 잘 팔릴 리가 없다.

한 살이라도 어릴 때
장사를 해보자

지금 내가 시간만 팔고 있다고 생각한다면, 내가 가진 것 중에 다른 팔 것은 없는지 고민해봐야 한다. 그게 외부 강의를 하거나 책을 쓸 수 있을 정도의 능력일 수도 있고, DIY나 수집처럼 취미생활일 수도 있고, 세상의 흐름을 먼저 읽어 남보다 먼저 아이템을 발굴해내는 안목일 수도 있다. 아무것도 팔 게 없다면 새롭게 전문기술을 습득할 수도 있다. 어떤 것이든 더 이상 내 시간을 팔 수 없을 때 팔 것을 미리 생각해봐야 한다. 그리고 그와 더불어 중요한 것은 장사에 대한 감을 어릴 때부터 길러두는 것이다.

젊었을 때 장사를 한번이라도 해봐야 나이 들어서 하더라도 성공확률이 높아진다. 나이가 들어 처음 장사를 시작하면 통이 커져서 투자만 크게 한다. 하지만 젊었을 때 하는 장사는 투자금은 없지만 시간과 체력이 있으니 몸으로 부딪친다. 설령 성공하지 못하더라도 투자한 돈은 수업료가 되고 재기를 꿈꿀 수 있다. 그래서 어떠한 형태로든 젊었을 때 남이 주는 일만 하지 말고 스스로 내 사업을 벌려볼 필요가 있다. 연애도 해본 사람이 잘하고 옷도 많이 입어봐야 잘 입을 줄 알게 된다고, 일도 해봐야 어떻게 돌아가는지를 알고 실력이 는다.

나 역시 처음에는 얼마나 멍청하게 사업을 시작했는지 모른다. 숫자 개념도 없고 어리바리해서 거래처나 손님이나 다들 나를 우습게 봤다. 처음부터 어떻게 잘하겠는가. 그런데 군대도 나이 들어서 이등병부터 시작하면 힘들다고, 그렇게 어리숙한 시간도 어릴 때 겪으면 그나마 낫다. 나 역시 어렸기 때문에 조금 비참해도, 조금 비굴해도 크게 개의치 않았고, 다른 사람들 역시 내가 조금 부족하고 실수를 해도 자기 여동생 보듯 관대하게 봐줬다. 만약 50대에 이런 걸 처음 겪었다면 매우 힘들었을 것 같다. 그래서 기왕 창업을 하겠다는 마음을 먹었다면, 한 살이라도 어릴 때 시작해야 하는 것이다.

연애를 하면 처음에는 눈에 콩깍지가 씌어져 모든 것이 핑크빛으로 아름답게만 보인다. 사업 역시 그렇다. 평상심을 가지기보다는 잘될 거라는 생각에 모든 것을 걸고 덤벼든다. 이만하면 눈 뜬 장님이나 마찬가지다. 하지만 몇 번 겪어보고 나면 잔뼈가 굵어져서 순진하게 당하지 않는다. 앞으로 닥칠 변수에 대한 대책을 세우면서도 앞으로 나가는 것을 멈추지 않는다. 이렇게 되기까지는 훈련이 반드시 필요하다. 사람들이 첫사랑에 실패하는 것은 위기가 발생했을 때 대처법을 몰라 허둥대거나 잘못된 선택을 하기 때문이다. 두 번째 사랑부터는 좀 더 성숙한 관계를 만들어간다. 사업 역시 몇 번의 실패와 성공을 경험하다 보면 자연스레 그 방법을 터득할 수 있다. 그래서 경험이 중요하다.

장사란 얼마나 재미있는 게임인가. 어릴 적 하던 시장놀이에 우리는 얼마나 들떴나. 다시 한 번 말하지만, 삶은 장사다! 살기 힘들다고 느낄수록, 기댈 곳이 없다고 생각될수록 스스로 세상을 살아가는 법을 생각해봐야 한다. 정부, 직장, 부모님, 그 누구도 나를 구해주지 못한다. 세상에 믿을 수 있는 건 결국 나 하나뿐이다.

절박하게는 너무 힘들다, 재미로 해라

"평탄한 삶을 깨부수고 스스로를 열심히 움직이게 하는 원동력,
나에게는 그것이 재미다."

창업 책에 나오는 이야기 중 나에게는 참 와 닿지 않는 게 있다. 바로 절박함이 있어야 한다는 것이다. 절박함이라……. 없는 절박함을 어디서 데려와야 하나. 우리 세대가 자란 시대는 보릿고개 넘느라 배곯던 때가 아니었다. 풍족하지는 않더라도 굶거나 새 옷이나 학용품, 장난감을 못 사줄 정도로 어려운 집은 그리 많지 않았다. 시대적으로도 곧 선진국 대열에 들어갈 거라는 들뜬 기대감으로 소비가 권장되고 과소비가 만연한 상황이었다. 경험해 본 적이 없

는 절박함, 벼랑 끝에 몰려서 내는 죽을힘을 우리 세대는 쉽게 상상하기 힘들다.

빚에 쫓기는 절박한 상황에서 이 악물고 재기한 사람들의 이야기는 그 출발이 마이너스 상태에서 보통 상태로의 회생에 있다. 하지만 우리 같은 평범한 사람들은 보통 상태에서 플러스 상태로의 도약을 꿈꾼다. 이러한 상황의 사람들에게 필요한 것은 절박함이 아니다. 평탄한 삶을 깨부수고 스스로를 열심히 움직이게 하는 원동력이 필요하다. 나에게는 그것이 재미였다.

내가 재미를
찾는 방법

물론 낭떠러지에 매달린 듯한 절박함은 없었지만, 나에겐 늘 재미있는 일을 찾아다니게 만드는 호기심이 있었다. 내 물건을 주문해주는 사람에게 정성스레 포장을 해서 선물을 주는 기분으로 상품을 보내는 게 즐거웠고, 받은 사람의 고맙다는 인사가 감사했다. 홈페이지를 꾸미기 위해 잠을 못 자면서 고생하는 것도, 회원수를 늘리기 위해 이런저런 시도를 해보는 것도 큰 기쁨이었다. 그런데 가만히 앉아 있는데 재미가 제 발로 걸어온 것은 아니다. 스스로 재미를 찾으려고 무던히 노력했다.

나는 궁금한 분야가 생기면 관련 책들을 모조리 찾아본다. 그렇다고 책의 모든 부분을 보는 것은 아니다. 책을 정독하기보다는 조금이라도 지겨우면 그냥 넘겨버리고 재미있는 부분만 띄엄띄엄 읽는다. 쇼핑몰 창업과 관련된 책을 볼 때는 복잡하고 머리 아픈 기술적인 부분보다는 재미있고 생생한 판매자들의 에피소드 위주로 읽었다.

어떤 책에서 밀려드는 주문에 박스테이프로 포장을 하도 많이 해서 손목 인대가 늘어났다는 이야기를 읽었는데, 이 이야기가 너무나 매력적이었다. 나도 언젠가 테이핑을 하다가 손목 부상을 입어보겠다는 일념으로 새로운 상품을 계속 업데이트하고 SNS를 통해 홍보했는데, 포장이 밀려오기도 전에 상품 등록을 하며 키보드와 마우스로 혹사시키는 바람에 오른손 검지 인대가 늘어나 깁스를 먼저 하게 됐다. 정작 포장할 일이 늘었을 때는 직원을 고용할 수밖에 없었고, 손목 부상의 '로망'이 날아가버려 아쉬웠다.

중국어 공부를 할 때는 중국어 사전이 '걸레'가 될 때 쯤이면 입이 트인다는 말을 듣고 일부러 침 묻혀가며 사전에 줄을 긋고 색칠을 하느라 난리를 피웠는데, 그것이 나에게는 공부하는 재미였다. 운동할 때는 귀가 기형이 된 유도 선수나 발레리나 강수진의 뭉그러진 발을 보며 나도 저런 영광의 상처를 입어봤으면 좋겠다는 일념으로 훈련을 했다. 중국산 값싼 훈련화의 밑창이 닳아 떨어지면 내가 제대로 하고 있구나 싶었고, 새로 사는 훈련화 켤레 수가 늘어날수록 실력이 부쩍부쩍 늘었다. 온몸에 멍이 가실 날이 없었고 매일 물리치료실을 드나들어도 운동이 재미있었다. 만일 무릎 부상이 없었다면 영광의 상처도 없이 섣불리 운동을 그만두는 것에 대해 더 고민했을 것이다.

이렇듯 나는 무엇을 하든 조금만 지루하거나 재미없으면 금세 지쳐버리는 성격이다. 끝없이 반복해야 하는 상품 등록 작업은 무척 심심하다. 그래서 생각해낸 방법이 가벼운 예능 프로그램을 틀어놓고 한 귀로 흘려들으면서 상품을 등록하는 것이었다. 낮에는 주문 들어온 것에 대한 뒤치다꺼리를 하느라 여유가 없었지만, 업무가 끝나고 저녁을 먹고 나면 몇 시간의 여유가 생긴다. 이 시간을 멍하니 TV만 보면 시간이 아깝지만, TV를 보며 상품 등록을 하면 시간을 허투루 쓰는 일이 없어진다. 나중에는 프로그램의 다음 편이 궁금해서 더 많은 상품을 발굴해 억지로라도 더 상품 등록을 하고 싶을 정도였다.

물론 일을 하면서 싫증이 나고 재미가 없을 때도 있다. 한 가지 일을 8년 넘게 하면서 어떻게 마냥 재미만 있을 수 있겠는가. 그때는 매출이라는 달콤한 재미가 나를 다독였다. 돈 버는 재미를 알고 나니 '이거 하나 하면 얼마 벌지?'라는 생각에 조금 고단한 일도 참고 견디게 됐다. 번 돈이 통장에 차곡차곡 쌓일 때의 기쁨, 통장 잔고를 부모님께 공개하면서 받는 칭찬이 나를 움직이는 또 하나의 재미였다.

힘든 티를 내면
더 지친다

중국에서 훈련을 할 때, 운동할 여건이나 환경은 한국보다 훨씬 안 좋았지만 훈련은 항상 즐거웠다. 선생님들은 학생을 처음 만나면 가르칠 만한 인재인지를 테스트하셨는데, 참고 이기는 모습을 보여주기 위해 입으로는 게거품을 물면서도 선생님이 "힘드냐, 안 힘드냐?"라고 물으면 "안 힘들다!"라고 답했다. 그러면 선생님은 "그래, 체력은 딸려도 그런 정신으로 하면 된다"라며 흡족해 하셨다. 사회주의 국가인 중국의 훈련량은 이미 정평이 나 있다. 쥐가 난 다리를 부여잡으면서도 선생님이 하는 칭찬 한 마디면 힘든 줄을 몰랐다. 진짜 재미있었다. 그런데 한국에서는 전혀 다른 상황이 벌어졌다. 평소 습관대로 "하나도 안 힘듭니다!"라며 나의 정신력을 보여주려 하자, "이 자식, 아직 훈련이 덜 됐네. 죽겠다는 말 나올 때까지 뺑뺑이 돌려!"라고 했다. 이 무슨 코미디인지. 힘들다는 말이 나오지 않으면 열심히 하지 않았다는 것인가? 힘들어 죽겠다고 할 때까지 몰아쳐야 하는 걸까?

중국에서 훈련할 때의 경험으로 나는 웬만하면 어디 가서 이 일이 얼마나 힘든지에 대해서 이야기하지 않는다. 일 관련 이야기를 할 때는 긍정적인 이야기만 한다. 다른 사람 뒷말하고 나면 꼭 그 사람 귀에 들어가는 것처럼, 내가 일에 지겨워하는 것을 일이 알아차릴까봐 늘 조심한다. 나는 언제나 일에 푹 빠져 있다. 메신저 닉네임도 수년째 'Workaholic'이다. 이제는 내가 진짜 일을 재미있어 하는 것인지, 하도 재미있다고 이야기를 해서 스스로를 세뇌시킨 것인지 헷갈릴 정도다. 덕분에 매일 아침 재미있는 하루를 보낼 것이라는 기대를 하며 하루를 시작하고 또 다른 재미있는 일을 만들려고 두리번거린다. 재미가 없으면 의미도 없다. 끈기도 인내심도 지구력도 재미 앞에서는 항상 진다. '회사 놀이'를 하며 '재미로 사업하는' 내가 매일 열심히 할 수 있는 이유가 여기에 있다.

04

샤넬백
'살 수 있는' 능력

"내가 갖고 싶었던 것은 샤넬백 자체가 아니라
샤넬백을 쉽게 살 수 있는 경제력이었다."

스물여덟 살 때 일이다. 남자친구에게 샤넬 핸드백을 선물 받은 친구가 모임에 나왔다가 우리들 앞에서 기세가 등등해져서 돌아갔다. 100만 원짜리 가방이야 흔했지만, 700만 원에 달하는 가방을 선물 받았다고 하니 나도 흔들렸다. 원래 살 생각이 없었다가도 친구가 산 것을 내 눈으로 확인하면 왠지 사고 싶어진다. 여자들이 그렇다. 그리고 집에 돌아와서는 어이없게도 남자친구를 들들 볶았다. 나도 샤넬백을 선물 받아야겠다며 철없이 굴고 만 것이었다.

친구의 남자친구보다 돈을 적게 버는 것도 아니면서 나에게 지출을 덜하는 것은 덜 사랑하는 것이 아니냐고 따졌다. 사람은 끼리끼리 만난다고 내 남자친구 역시 옷 한 벌 덜 사고 아껴 쓰며 저축해서 집 살 돈 모으고 있던 성실한 사람이었는데 말이다. 그래도 남자친구는 친구들 앞에서 기죽지 말라고 주말에 나를 명품 매장으로 데리고 갔다.

그런 곳은 난생처음 가봤다. 할인 매대에서 좋은 물건 하나 고르려고 경쟁자들과 어깨 부딪쳐가며 눈이 빠지게 고르던 것과는 달리 명품 매장은 매장 입구에서부터 하얀 면장갑을 낀 헬퍼들의 안내를 받으며 전문적인 용어를 곁들인 상품 설명을 들을 수 있었다. 좋은 가방은 하나만 장만해 두어도 대대로 물려주기까지 한다는 설명을 듣고 나는 돌아섰다. 남자친구는 그냥 나가기 자존심이 상했는지 구입을 부추겼지만, 도저히 내가 가질 수 있는 수준의 가방이 아닌 듯했다. 조금 더 저렴한 백을 보자며 다른 매장도 둘러보고 아울렛도 가봤지만, '가방 쇼핑 투어'는 나의 지갑을 열지 못했다.

구경을 실컷 하고 나니 깨달음이 왔다. 내가 갖고 싶은 것은 가죽 조각을 이어붙인 가방 자체가 아니라, 저 가방을 새우깡 사듯 쉽게 살 수 있을 정도의 경제력이라는 것을. 나에게 물건은 쉽게 쓰고 버리는 것이지, 평생을 소장하거나 모셔두기만 하는 것이 아니다. 물건에 흠집 하나 생길까봐 전전긍긍할 바에야 망가져도 아깝지 않을 제품이 더 나았다.

빈손으로 돌아오며 생각했다. 그래도 1억 정도 모으면 나를 위한 선물로 좋은 가방 하나 장만해도 되지 않을까? 하지만 정작 여유가 생겼을 때는 이미 열심히 사는 나에게 굳이 명품 로고를 붙일 필요까지 있을까 하는 생각이 들었다. 마음이 부자인데 굳이 겉으로 드러내고 싶지 않단 생각도 들었다. 게다가 가방 속 잡동사니들에 더해진 가죽 가방의 무게는 500그램만 되어도 얼마나 무거운가. 때 타지 않는 검정색 천 가방이 요즘 나의 '잇 아이템'이다.

한국에서는 사람을 평가할 때 어떤 차를 타는지 어떤 가방을 메는지를 본다. 특히 창업 강의를 나가면 창업해서 얼마나 돈을 벌었는지를 가늠하기 위해서인지 사람들이 대놓고 내 가방의 상표를 훑는다. 하지만 가방에 투자하는 대신 그 돈을 모으면 훗날 '명품 가방 낳는 황금 오리'를 가질 수 있음을 확신한다. 명품 가방은 나에게 큰돈을 지불할 만한 가치가 있는 대상이 아니기에, 그리고 거품 낀 가격을 지불하면 미소 지을 판매자의 얼굴에 배 아프기에, 나는 2만 원짜리 가방을 들어도 언제나 자신감 넘치고 경쾌하다.

내가 돈을
모아야 하는 이유

"내게 가장 중요한 것은 나의 사람들이고,
그들을 위해서라면 한 번쯤은 달려볼 가치가 있다."

나는 셈이 밝지도 않고 큰 기업을 꾸릴 능력도 없다. 일확천금을 벌고 싶어서 열심히 사는 것도 아니다. 내가 돈을 모아야 하는 이유는 따로 있다. 나의 경제력이 소중한 사람들을 지킬 수 있음을 알기 때문이다. 어릴 적 내가 겪었던 고통을 내 자식이 겪지 않도록, 여유 있게 일을 해도 돈이 나오는 구조를 만들어놓고 마음 편히 일하고 싶은 것이 1억이라는 종잣돈을 모아야겠다고 생각한 가장 큰 이유였다.

돈 때문에 일하러 가는
엄마는 되고 싶지 않다

일하는 엄마 밑에서 자란 아이들은 안다. 엄마의 빈자리가 얼마나 큰지. 최소한 어릴 때에는 엄마와 시간을 많이 보내야 한다. 그러지 않았을 때 아이가 느끼는 정서적인 불안은 생각보다 크다. 내가 어릴 때 가게를 운영했던 엄마는 우리가 잠든 후 밤늦게야 집에 들어오셨다. 동생이 갓 태어나고 얼마 되지 않아 산후조리를 해야 할 시기에도 엄마는 밤늦도록 장사를 해야 했다. 나와 여섯 살 터울인 갓난쟁이 동생을 남의 집에 맡기고 엄마가 가게에 나가면, 회사에서 돌아온 아빠가 나의 저녁을 챙겨주고선 엄마를 도우러 가게에 나가셨다. 나는 매일 밤 무서움을 참고 혼자 잠이 들려고 무척 애를 썼다. 남의 집에 맡겨진 동생은 부모님이 새벽 1시가 넘어서 가게 문을 닫고 올 때까지 동네가 떠나갈 듯 울기만 했다. 너무 서럽게 울어서 부모님도, 동생을 봐주는 분도 도저히 마음이 아파서 못하겠다고 하기에 나는 냉큼 동생을 집에 두면 내가 돌보겠다고 했다. 혼자 있는 게 너무 싫었기 때문이다. 그렇게 집으로 온 동생을 나는 정말 정성껏 보살폈다. 시간이 되면 분유를 타서 먹였고, 똥 기저귀도 내 작은 손으로 갈아주었다.

어린 동생이 태어났으니 나는 다 큰 아이라고 스스로 생각했던 모양이다. 그때 내 나이 겨우 일곱 살이었는데도 말이다. 제 상황을 아는지 동생은 울지도 보채지도 않아서 어린 내가 돌보기에 충분했다. 동생을 업고 시장에 나가면 동네 어른들이 애가 애를 업고 다닌다며 먹을 것도 많이 챙겨주셨다. 내 서툰 손에 온 이불이 똥범벅이 되기도 했고, 애를 업고 밖에 나갔다가 동생이 뒤로 발라당 넘어가 사색이 되기도 했지만, 오히려 내가 동생에게 더 의지해가며 우리 둘은 외롭게 커갔다. 매일 엄마가 가게에 나가는 시간이 되면 울음을 참느라 애를 먹었다. 엄마는 우리를 떼어놓기 전에는 더욱 신나게 장난도 치고 노래도 불러줬다. 나는 울지 않겠다고 엄마 아빠와 약속했기 때문에 항상 꾹 참았다. 부모님이 돈을 많이 벌면 엄마가 차려주는 저녁밥을 먹으며 여느 가족처럼 화목하게 지낼 줄 알았지만, 나도 동생도 모두 스무 살에 집을 떠나면서 우리 네 식구가 함께 저녁밥을 먹을 수 있는 시간은 그리 길지 않았다.

어릴 적에는 내 정서에 금이 간 것만 생각했다. 하지만 커보니 어린아이들을 떼놓고 장사를 하러 집을 나선 부모님 마음이 어땠을까 헤아려진다. 그때 부모님 나이 겨우 서른넷. 얼마나 그 생활을 빨리 끝내고 싶었을까. 먹고살기 위해 얼마나 애쓰셨을까. 그래서 결심했다. 절대 경제적인 이유로 아이를 놔두고 돈 벌러 나가야 하는 엄마가 되지는 말자고. 물론 일을 좋아하는 내가 집에만 있으려 하지는 않겠지만 유독 아이가 많이 보채며 엄마를 꼭 곁에 두고 싶어 할 때에는 쿨하게 집에 있어 주고 싶다. 내 남편이 누가 되든 돈을 얼마를 벌든, 내 입에 풀칠하고 아이를 키울 정도의 여유는 스스로 만들어놓고 싶다. 그래서 커리어를 놓칠 수 없는 대기업 직장인이나 평생 일을 해야 하는 공무원이 되기보다는 혼자서도 충분히 돈을 벌 수 있는 방법을 끊임없이 연구했다. 인터넷 판매를 하면서는 '이건 애 키우면서도 집에서 하기 좋겠군', 강의를 하면서는 '애 키우면서 불규칙적으로 강의를 나가는 것도 좋겠군', 에어비앤비를 보면서는 '애를 키우면서 민박을 하며 영어 공부도 시키고 돈도 벌면 좋겠군'하고 항상 생각했다.

아빠 보트 한 대
사드리고 싶어서

아버지는 통영 사람이라 예전부터 바다에 나가는 것을 좋아하셨다. 젊었을 때는 스쿠버다이빙을 하셨는데, 주말마다 온 가족을 데리고 많이도 돌아다니셨다. 요즘도 아버지는 밤샘 낚시를 가서 별의별 물고기를 한가득 잡아와 친구들 나눠주는 재미로 사신다. 그런 아버지의 꿈은 보트를 한 대 사는 것이다. 우리를 키우느라 평생 번 것 다 쓰고 정작 자신이 가장 원하는 것 하나 사지 못하신 아버지를 위해 돈을 벌면 기꺼이 보트 한 대 사드리겠노라 큰소리를 쳤다. 그랬더니 아버지는 당장 가서 동력수상레저기구 조종면허증을 따오셨다. 역시 우리 아버지! 생각하는 즉시 행동하는 내 실행력은 아버지께 물려받았나 보다. 아버지 보트 한 대 사드리고 나면 많이 뿌듯할 것 같다. 아버지 눈에 내가 넉넉해 보일 때, 가뿐하게 사드려 기쁜 마음으로 편하게 타셨으면 좋겠다.

가족도 건강도 살피지 않고 성공만을 향해 달리는 사람들이 있다. 가끔 그런 모습이 멋있어 보이기도 하지만 나는 그렇게 살고 싶지는 않다. 소중한 사람을 지켜야 일도 성공도 가치 있는 것 아닐까. 사람마다 돈 버는 목적이 여러 가지가 있을 수 있다. "목표를 설정하라! 스포츠카와 명품 아파트를 선명하게 그려라!"라고 말한다. 하지만 그 좋은 것들을 혼자서 즐기면 무슨 소용이랴. 생각해 보니 나에게 가장 중요한 것은 나의 사람들이었고 그들을 위해서라면 한 번쯤은 달려볼 가치가 있었다.

사람들 사는 거 보니까 다 한번은 허리띠 졸라 맬 때가 있다. 잘 나가는 사람도 사업이 휘청해서 아껴 써야 할 때가 있고, 엄마가 되면 아이의 미래를 위해 아껴 쓰고 저축하며 살게 된다. 기왕 한번은 아껴 쓸 것, 그것이 젊을 때이면 나중에 편히 살 수 있다.

인생은 공평하다. 돈 버는 것도 고생스럽지만 돈이 없어도 고생스럽다. 고생의 질량 보존 법칙이 있다면, 그래서 누구든 한번은 고생을 해야 한다면, 기왕 할 고생, 돈 없어서 끙끙대는 고생보다 돈 버느라 고생하는 편을 택하겠다. 또 매도 먼저 맞는 것이 낫지 않은가. 그래서 나는 한 살이라도 젊을 때 돈 모으기에 집중하기로 마음먹었다.

06

잇지 말자,
나는 부모님의 자부심이다

("부모님의 자부심이 되어드리는 것.
이것이 바로 내가 일하고 돈 버는 이유다.")

이제까지 나는 내 모든 선택에 있어서 단 한 번도 부모님의 지지를
받은 적이 없었다. 그도 그럴 것이 아들도 아닌 딸이 무용도 아닌
무술을 하겠다고 중국에 보내 달라는데 어느 부모가 반가워하겠
나. 우여곡절 끝에 유학을 가긴 했지만, 베이징체육대학교에서 무
술 공부를 7년이나 '징하게' 하고 대학원 졸업할 때가 가까워오자,
부모님은 창원에서 취업 준비를 하며 함께 지냈으면 하셨다. 하지
만 나는 취직하라는 부모님의 바람을 저버리고 부동산 일을 배우

겠다고 서울로 올라왔다. 그것도 월급 100만 원짜리 일을 하겠다고 말이다. 이번에도 아버지는 뒷목을 잡으셨고, 남부끄러우니 소문도 내지 말라고 하셨다.

내가 일반 회사에 취업하는 대신 부동산에 취직한 목적은 분명했다. 뭔가를 팔아본다면 기왕이면 덩치가 큰 물건을 팔아보고 싶었고, 잘 배워놓으면 재테크의 기회가 생길 수도 있고, 죽을 때까지 집을 사고팔 일이 많을 텐데 그때마다 중개사의 말에 휘둘리지 않고 내가 적극적으로 판단할 수 있겠다 싶었기 때문이다. 기본급은 100만 원이나 계약 건수에 따른 인센티브제가 적용됐기 때문에 한 달에 1,000만 원은 벌 자신이 있다며 달려든 일이었다. 하지만 일을 시작해보니 손님을 데리고 다니며 집을 소개하는 일은 내 적성에 맞지 않았고, 사람들은 어려 보이는 나에게 집을 사려고 하지 않았다. 나는 100만 원 이상의 급여를 받기가 어려웠다.

가끔 집에 내려가면 부모님은 하고 싶은 것 다 해봤으면 다시 취업 준비를 제대로 하라고 하셨다. 월세 보증금을 만들기 위해 받았던 첫 대출 2,000만 원의 예치 기간이 끝나고 원금 분할 상환을 해야 할 시기가 다가왔다. 원금과 이자를 합해서 한 달에 50만 원을 상환하고 관리비를 포함해 월세 50만 원을 낸다고 하니 아버지가 한숨을 쉬셨다. 상여금이나 휴가비를 받으면 나에게 몇십만 원씩 송금을 해주시며 그래도 먹고 싶은 것은 먹고 다니라고 하셨다.

대학원생 때부터 알바 삼아 하고 있었던 인터넷 쇼핑몰을 투잡으로 이어갔기 때문에 그나마 생활이 가능했다. 낮에는 회사에서 일하고 밤에는 쇼핑몰 일을 했다. 학교를 오래 다닌 탓에 돈만 벌기 시작하면 미친 듯이 벌어보리라 생각하고 있었다. 드디어 때가 왔으니 힘든 줄도 전혀 모르고 밤낮으로 돈 버는 재미에 푹 빠져 있었다. 하지만 안타깝게도 내가 들어갔던 부동산은 1년이 채 되지 않아 문을 닫았다. 투잡 형태로 쇼핑몰을 운영한 지 1년여가 지났을 무렵이었다.

1년 동안 투잡으로 버티며 나름 내공을 쌓았기 때문에 다른 직장에 들어가는 것보다 쇼핑몰을 더 크게 벌이는 것이 낫다고 판단했다. 그래서 주거 겸용 오피스텔 월세를 얻어 사무실을 차렸다. 사무실 벽에 "한 달 적금 200만 원!"이라고 적어서 붙여 놓았다. 큰 금액이었다. 누가 놀러 와서 그 글귀를 보며 가당치 않다는 표정으로 "대단한 목표네요" 하고 갔다. '음, 젊은 아가씨가 한 달 200만 원 적금? 쉽지 않지.' 사실 나도 자신이 없었다.

본격적으로 내 일을 시작하고 나니 만 원 한 장이라도 더 벌고 싶어서 안달이 났다. 돈이 매우 절실했다기보다는 그냥 한 가지 목표에 집중을 하면 이렇게 된다. 친구도 잘 만나지 않고 돌아다니지도 않았다. 그래도 시간이 없었다. 외롭다는 생각을 할 겨를도 없었다. 내 머리는 24시간 일할 궁리밖에 하지 않았다. 이베이와 중고나라 카페를 이용해 집에 있는 중고 제품이나 쓰지 않는 새 제품들을 모조리 팔았다. 쓰레기가 될 뻔한 물건이 돈으로 바뀌는 걸 보니 신기했다. 입지 않는 옷도 팔고 옛날 책도 팔고 사은품으로 받은 화장품 샘플도 팔았다. 나에게 시간은 진짜 금이었다. 그때 나는 내 모든 시간을 돈으로 바꾸는 데에 썼다.

나의 꿈은
엄친딸

나는 판매 결과를 엑셀로 꼼꼼히 정리하고, 돈이 들어오고 나가는 것을 계산하는 데 젬병이다. 처음에는 물건 하나가 팔릴 때마다 포장비, 사은품 비용까지 꼼꼼히 따져가며 노트를 만들었는데, 기록하다 보니 생각보다 한 달에 버는 돈이 너무 적었다. 어차피 일 자체를 즐기고 있었고, 이렇게 따지고 들면 흥미를 잃겠다 싶어서 계산하는 것을 관뒀다. 그래도 손해는 아니겠거니 짐작하며 팔리는 재미에 계속 판매를 해나갔다.

그런데 쇼핑몰을 본격적으로 운영한 지 약 1년여가 지난 후에 여기저기 흩어져 있던 통장들을 살펴보고 대출금 상환 내역 등을 따져보았더니 나도 모르는 사이에 2,000만 원이라는 돈이 모여 있었던 것이다. 내가 산수에 약하기 때문에 잘못 계산했겠지 생각하고 대여섯 번을 다시 계산해도 분명 2,000만 원이었다. 500만 원이 모였다고 생각한 시점부터 신경을 별로 안 쓰고 지냈는데 어느 순간 돌아보니 목돈 2,000만 원이 만들어져 있었다. 신기했다. 대출금만 열심히 갚다 보니 돈이 모이는 줄을 아예 몰랐던 것이다. 금액을 확인한 후 가장 먼저 부모님께 문자를 보냈다. 늘 딸이 하고 다니는 짓을 보며 불안해 하셨는데, 돈이라도 조금 모았다고 하면 좋아하실까 싶어서였다. 반응은 기대 이상이었다. 정말 좋아하시며 더 열심히 해보라 하셨다. 그 후에 집에 내려가자 소고기를 사주시는 게 아닌가. 늘 마이너스인 줄로만 알았던 딸이 처음으로 플러스 잔고를 공개했는데 그 금액이 2,000만 원이라는 것에 적잖이 놀라셨나 보다. 그리고 그때부터 내가 하는 말에 힘이 실리고 가족 일에 내 의견을 적극적으로 피력할 수 있었다.

그 후로 아버지는 내 은행 잔고를 매우 궁금해 하셨다. 전화를 하면 밥은 잘 챙겨 먹고 다니는지 묻기 전에 장사는 잘 되는지부터 확인했다. 눈이 마주치면 3,000만 원은 넘었는지 4,000만 원은 넘었는지부터 물어보셨다. 아버지의 기대를 무너뜨리고 싶지 않아서 더 알토란같이 모았다. "네, 다음 달이면 3,000만 원 돼요!"라고 이야기할 수 있는 것이 나에게도 큰 기쁨이었다. 사업이 안정화될수록 공공기관에 대량 납품을 하거나 해외에서 대량 주문이 들어오면서 목돈이 만들어지는 게 더 쉬워졌다. 그렇다고 큰돈이 갑

자기 들어오거나 적금 금액이 늘어나지는 않았다. 다만 처음보다 잠을 좀 더 많이 자고 주말에 쉬면서도 매달 300만 원을 꼬박꼬박 저축할 수 있게 되었다. 또 부모님의 생신이나 결혼기념일에 통 크게 쏠 수 있는 기쁨이 생겼다. 항상 10만 원씩 드리다가 처음으로 50만 원이 든 봉투를 드렸을 때, 아버지는 무심코 어머니께 봉투를 건네다가 금액을 알고는 두 분이 봉투를 들고 몸싸움을 하셨다. 그런 모습을 지켜보는 것이 흐뭇했다.

5,000만 원의 고비를 넘긴 후, 그다음엔 1억을 모으겠다고 내가 공표했더니 아버지는 집요하게 1억을 외치셨다. 아직 1억 안 됐냐고, 1억은 멀었냐고. 이런 아버지의 해맑은 기대감은 내가 지치지 않고 1억을 모으는 데 큰 힘이 되었다. 처음에는 과연 1억의 목표를 달성할 수 있을까 하는 막연한 두려움이 있었다. 하지만 이렇게 적극적으로 기대하는 가족이 있으니 신이 나서 더 모으게 되었다. 어머니는 내가 부담스러워 할까봐 사업 이야기는 거의 하지 않으셨지만, 아버지는 적극적인 관심을 표현하셨고, 이것이 내게는 또 하나의 에너지가 됐다.

나는 월세를 정리하고 전세로 갈아타면서 다시 보증금을 대출받았다. 역시 대출을 해서 갚아나가는 재미가 돈 모으는 데에는 으뜸이었다. 돈을 벌기 위한 단기 목표가 확실하게 세워지기 때문이다. 그즈음은 외부 강의가 생겨서 본의 아니게 또 투잡을 하게 되었고,

새로운 오픈마켓에 진출하거나 새로운 상품을 판매하는 등 여러 가지 사업을 펼쳤는데 다행스럽게도 반응이 좋았다. 열심히, 꾸준히 할수록 기회가 생겼다.

아등바등하던 시간들이 모여 드디어 내게 1억이 생겼다. 어느 날 짜잔 하고 극적으로 일어난 일은 아니었다. 2,000만 원을 모았을 때처럼 어느 날 계산을 해보니 1억을 넘어가고 있었다. 수 개념이 약한 나는 종이에 숫자를 써보았다. 100,000,000원. 얼핏 보면 10만 원같이 생겼는데 0이 3개 더 있었다. 한 통장에 꾸준히 모인 것이 아니라 대출금 상환액과 전세보증금과 여러 통장의 것을 합산한 것이라 이렇게 써보지 않으면 감이 없었다. 다른 특별한 것은 없었다. 그냥 사실만 확인했다. 정확히 그때가 언제였는지 잘 기억도 나지 않는다. 서른 살 겨울께 어느 날이었다. 설레는 마음으로 아버지께 선물처럼 공개했더니, 그동안의 과한 리액션 대신 "엔진이 과열됐겠다"며 "건강도 챙기면서 일을 하는 프로가 되라"는 말씀을 해주셨다.

얼마 전 동생이 런던에 가서 석사학위를 받고 싶다고 했다. 먼저 외국 유학을 다녀온 나는 동생의 유학에 적극적으로 찬성을 했다. 딱 그 나이에 하면 정말 좋은 것들이 있는데, 아직 어릴 때에는 주위의 도움을 받아야 할 경우가 있다. 나의 유학이 그랬다. 스무 살에 아무 걱정 없이 중국으로 떠나 유학 생활을 누릴 수 있었던 것은 모두 부모님의 희생 덕분이었다. 그래서 동생의 유학을 맨입으로만 지지하지 않고 학비에 보태라고 선뜻 3,000만 원을 내줬다. 동생에게 그냥 준 것이 아니라 부모님의 빚을 갚는다고 생각하니 더욱 값졌다.

나의 꿈은 '엄친딸'이다. 사실 부모님이 나에게 특별한 무엇을 바라는 것은 아니다. 부모님이 걱정하지 않도록 내 앞가림을 잘하는 것이야말로 진짜 효도일 것이다. 그리고 만에 하나 집안에 무슨 일이 생겼을 때 아무 힘도 없이 발만 동동 구르는 대신 이제는 나이 드신 부모님이 기댈 수 있는 든든한 어깨를 가진 딸이 되고 싶다. 나 때문에 부모님 얼굴에 근심이 들지 않도록, 딸이 사준 소소한 선물을 친구들에게 자랑 한번 할 수 있도록, 부모님의 작은 자랑이자 자부심이 되어 드리는 것. 이것이 바로 내가 일을 하는 이유, 돈 버는 이유다.

2부

단단한 나를
만들어준
돈 공부

스물셋 우슈 국가대표,
세상 밖으로 던져지다

("하루도 쉬지 않고 운동과 기도를 한 것이 몇천 일.
하지만 그곳은 내가 꿈꾸던 강호가 아니었다.")

대열을 맞추어 순서를 기다리던 우리는 문이 열리자 "와아!" 하는
함성을 들으며 입장했다. 조명은 눈부셨고 카메라 플래시도 여기
저기서 터졌다. 운동장을 한 바퀴 도는 동안 "코리아 잘했다!" "대!
한! 민! 국!" 하고 소리치는 한국 사람들의 응원 소리가 신기하게
도 귀에 쏙쏙 꽂혔다. 2006년, 나는 카타르 도하에서 열린 아시안
게임을 치르고 폐막식 현장에서 마지막 축제를 즐기고 있었다. 그
동안 함께 고생했던 선배들과 태극기를 들고 사진을 찍고, 대회장

에서 만나게 된 각국의 대표들과 인사를 나누었다. 우리는 자국의 이름이 새겨진 영광의 '국대 티셔츠'를 서로 바꾸어 입으며 아쉬움을 달랬다. 태릉선수촌 입소 후 단 8개월 만에 나가게 된 첫 국제대회. 짧은 준비 기간 탓에 좋은 성적을 기대할 수는 없었지만, 나는 그 순간을 맘껏 즐겼다. 밤이 되자 선수촌에는 작은 파티가 열렸다. 순위에 상관없이 함께 경기를 뛴 친구들이 어울려서 실수한 것, 아쉬웠던 것을 서로 토로하며 춤을 추고 소리를 지르며 회포를 풀었다. 그리고 한국으로 돌아오자마자 나는 곧바로 베이징에 있는 학교로 다시 돌아갔다. 8개월 남짓의 시간이 꿈같았다. 베이징의 작은 아파트로 돌아가니 짧았던 태릉선수촌에서의 생활은 금세 잊혔다.

강호에 나가는 것이
꿈인 소녀

어릴 적, 중국 무협 드라마에 푹 빠져 지내던 나의 꿈은 강호에 나가서 평생 무술을 연마하며 사는 것이었다. 한 번쯤 겪는다는 '중2병'을 유별나게 심하게 앓았고, 하루 8시간 이상을 교실에 갇혀 있어야 하는 학교 수업이 에너지 넘치는 나에게는 고역이었다. 그런데 정말 간절히 바란 덕분이었을까. 신기하게도 내 꿈이 이루어졌다. 마음잡고 공부를 하려던 고등학교 1학년 때, '우슈'라는 운동을 접하게 된 것이다. 그때까지만 하더라도 나는 집 근처에 있는 '쿵 후 우슈 학원'이 이연걸이 나오는 무협영화 속 그 무술을 말하는 것인지조차 몰랐다. 더군다나 우슈로 국가대표가 될 수 있다는 것 도 몰랐다. 호기심에 들어갔던 고등학교 우슈 동아리 활동은 내 인 생을 바꾸어놓았다. 운동을 시작한 지 한 달 만에 선수가 되기 위 한 훈련을 받게 되었고, 예전부터 꾹꾹 눌러왔던 무술에 대한 열정 덕분인지 비교적 빨리 전국대회 순위권에 진입할 수 있었다. 그렇 다고 내가 운동에 특별한 재주가 있었던 것은 아니었다. 오히려 달 리기나 줄넘기 같은 기초 운동은 싫어했고, 체육시간에 피구와 발 야구를 잘하는 친구들이 부러웠던 평범한 여학생이었다. 다만 유 연성과 하체 힘이 좋았고 우슈의 '태극권'이라는, 경쟁률이 그렇게 치열하지 않은 틈새시장을 노리고 남들보다 연습을 많이 했을 뿐 이다.

고등학생 시절 내내 운동에 빠져 살았지만 대학 진학은 쉽지 않 았다. 인기 종목들과는 달리 우슈는 고등부에서 1등을 한다고 해 도 특차로 들어갈 수 있는 곳은 극히 적었으며, 그렇게 들어간다고 해도 전공은 생활체육이나 체육교육을 선택할 수밖에 없었다. 신 나게 MT도 가고 연애도 하는 핑크빛 대학 생활을 상상해보았지 만, 그건 내 성에 차지 않았다(요즘 대학 생활은 많이 팍팍해졌지만 벌써

10년도 넘은 그 당시에는 그런 줄 알았다) 대학 등록금이 한두 푼이 아닌데 기왕이면 내가 하고 싶은 전공을, 내가 원하는 공부를 '빡세게' 해보고 싶었다. 그래서 중국 무술 유학을 몰래 결심했다. 넉넉지 않았던 형편이었기 때문에 유학을 떠난다는 것은 언감생심이었다. 그러나 행선지가 중국 아닌가! 지금보다 훨씬 열악한 검색 환경에서 인터넷으로 손품을 팔고 유학원을 찾아다니며 발품을 팔다 보니 서울로 '유학'가는 것보다 저렴하게 갈 수 있겠다는 판단이 들었다. 게다가 마침 태극권을 했던 선배가 베이징사범대학교에서 먼저 유학을 하고 있어서 결정하는 데 많은 도움을 받을 수 있었다. 나만큼이나 검소했던 선배는 아껴 쓰면 1년에 1,000만 원으로 학비를 포함해 모든 생활비를 충당할 수 있다고 했다. 실제로 그 예산으로 생활하느라 굶어 죽을 뻔했지만, 부모님을 설득하는 데는 성공했다. 우여곡절 끝에 중국행 티켓을 손에 넣었고, 2003년 9월 베이징체육대학교 민족전통체육 우슈 전공으로 입학했다.

즐거웠다. 말이 통하지 않았고, 부지불식간에 외로움이 찾아올 때도 있었지만, 세계에서 내로라하는 우슈 거장들이 한곳에 모여 있는 것이 신기했다. 태극권의 장인, CD와 책으로만 접하던 전설 같은 분들에게 가르침을 받을 수 있다니! 교수님들의 가르침과 함께 베이징체육대학교 현역 대표선수들에게 과외를 받았다. 본격적으로 대회 준비를 하면서부터는 새벽부터 밤까지 훈련만 했다.

눈을 뜨고 있는 시간 동안은 걷는 대신 뛰어서라도 훈련의 연장선 상에 있으려 했다. 쉬는 시간에는 농구나 배드민턴을 따라 하면서 '병적으로' 근육을 움직였다. 친구들이 이건 효율적이지 못하다고, 충분히 쉬어야지 다음 날 훈련이 정상적일 수 있다고 했지만, 내 귀에는 들리지 않았다. 그리고 대학교 3학년 때 한국의 우슈 국가 대표 선발대회에 참가했다가 운이 좋게도 여자 태극권 국가대표로 발탁되었다.

그 자리를 위해 하루도 쉬지 않고 운동과 기도를 한 것이 몇천 일인지 모른다. 하지만 막상 국가대표가 되자 세상을 다 가진 듯한 기분이 들기보다는 오히려 아무렇지도 않았고 평온했다. 그리고 그토록 원하던 태릉선수촌에 입소하라는 연락이 왔다. 앞으로 몇 년 동안은 대표 자리를 지키며 세계대회도 나가고 더 훌륭한 선수 가 되어야겠다고 다짐했다. 그러나 조금의 시간이 지나자, 그곳은 내가 기대했던 걱정 없이 무술만 할 수 있는 꿈의 '강호'가 아니었 음을 깨달았다.

소녀, 현실에
눈을 뜨다

전국 1등이 되어 들어간 태릉선수촌에서는 월급으로 60만 원을 지급했다. 늘 돈을 내고 운동을 했는데, 훈련도 시켜주고 월급에 숙식까지 제공해주다니 감개무량했다. 게다가 소문으로만 듣던 태릉선수촌의 밥은 명실상부 최고였다. 대학생이었던 내게는 60만 원의 용돈이 충분했지만, 사회인이라면 이야기가 달라진다. 전국체전에 우슈 여자부가 정식종목이 아닌 탓에 운동만 하며 연봉을 받을 수 있는 시·도 소속의 팀이 없었다. 국가대표라 해도 60만 원의 월급이 전부였던 것이다. 세계대회에 나가 메달을 따면 연금을 받을 수도 있지만, 뼈가 굳기도 전에 전통 있는 집안에서 우슈를 배우며 커온 중국 선수들이 자리를 꽉 잡고 있었고, 그 친구들이 마카오, 홍콩, 타이완 등으로 국적으로 바꾸어 나와 상위권을 모조리 차지하는 것이 예사였다. 중국의 웬만한 선수들의 실력은 중국 대학에서 공부하며 익히 눈으로 봐왔기 때문에 잘 알고 있었다.

열일곱 살에야 겨우 우슈를 접했던 내가 현실을 객관적으로 바라보니 국제대회 메달을 유일한 희망으로 바라보며 우슈를 계속할 자신이 없었다. 게다가 늦은 나이에 시작해 몸이 부서져라 운동했더니 원래부터 좋지 않았던 무릎이 말썽을 부렸다. 무릎 나이가 쉰 살이라는 말과 함께 퇴행성 관절염 진단을 받은 것이다. 사실 그만두고 싶은 운동선수에게 부상이라는 것은 갖다 붙이기 딱 좋은 핑계 아니던가.

힘들게 거기까지 올라가서 그만둔다고 하니 나를 아는 모든 사람들이 좀 더 하기를 권했다. 하지만 나는 이미 마음을 정했다. 1등을 해보고 국가대표라는 꿈도 이루었으니 더 이상 운동에 대한 미련도 없었다. 폐막식 문이 닫히고 나는 꿈에서 깼다. 할 줄 아는 것이 운동밖에 없었던 나는 이제 평범한 대학생으로 돌아가 남들과 똑같은 고민을 하기 시작했다.

"나, 이제 뭐 먹고 살지?"

토막 우슈 강의

우슈 경기는 태권도로 치면 품새와 같은 '투로'와 겨루기와 같은 '산타' 두 종목으로 나뉜다. 산타는 체급별로, 투로는 다시 쉽게 설명해 〈황비홍〉에 나오는 장권, 〈방세옥〉에 나오는 남권, 〈쿵푸팬더〉에 나오는 태극권으로 나뉘는데, 내가 했던 종목은 태극권이다. '타이치'라고 하며 우슈 과목에서도 단독으로 많이 수련한다. 영화 〈인턴〉의 오프닝과 클로징에 나오던 무술도 바로 이것이다.

국제대회 종목은 아니지만 호권, 사권, 당랑권, 취권도 모두 우슈에 속하고, 중국 무술에 나오는 쌍절곤, 구절편, 유성추, 채찍도 모두 우슈다. 우슈는 우리말 '무술武術'의 중국어 발음으로 중국무술을 총칭하는 말이다.

02

내겐 쌍절곤
20개가 있다

"내 직성이 풀리도록 일할 수 있는 것은
내 회사를 차려 '내 일'을 하는 것뿐이었다."

우슈 없는 내 인생에 대해 고민을 하던 중 내 마음을 강하게 움직
인 것이 있었으니, 바로 도널드 트럼프의 서바이벌 프로그램인 〈어
프렌티스Apprentice〉였다. 내가 이 프로그램에서 가장 큰 충격을 받
은 부분은 프로그램 시작 전에 주제가와 함께 소개되는 출연자들
의 프로필이었다. "제OO, 26세, 유통회사 사장." "스OOO, 26세,
컨설팅회사 대표." 같은 스물여섯 살에 세상 물정 하나도 모른 채
공부와 운동만 해온 나에게는 자신만의 회사를 운영하며 TV쇼에

출연할 정도로 인정받는 출연자들이 너무나 위대해 보였다. 그들이 탁월한 능력으로 미션을 수행하는 모습을 보니 조바심이 생겼다. 시샘도 났다. 뭘 했기에 나와 같은 나이에 저렇게 될 수 있지? 전 시즌을 다 본 후에 나도 '사장'이라는 타이틀을 달고 싶다는 욕심이 생겼다. 내 인생 제2의 전공을 '경영'으로 삼고 싶어졌다. 내가 회사를 차려서 모든 규칙을 내가 정하고 내가 한 일에 대한 수익이 정직하게 돌아온다면 밤새도록 최선을 다해서 일을 할 수 있을 것 같았다. 수동적으로 출근하고 퇴근하는 삶은 중·고등학교를 억지로 다니던 날처럼 또다시 나를 매너리즘에 빠지게 할 것이 뻔했다. 곰곰이 생각해보니, 내 직성이 풀리도록 일할 수 있는 것은 회사를 차려서 '내 일'을 하는 것밖에 없었다.

막연하게 회사를 차리면 좋겠다고 생각은 했지만 무엇을 해서 수익을 내고, 어떻게 하면 투자 유치를 할 수 있을지 아무것도 알지 못했다. 뜬구름 잡는 이야기처럼 무엇 하나 또렷하게 보이는 것이 없고 제시된 방향도 없는 모호한 것을 사람들은 "창업"이라고 불렀다. 단어 그대로 '創業'은 업을 창조하는 것이다. 〈어프렌티스〉에 나오는 출연자들의 번듯하게 보이는 회사가 어떻게 수익을 내는지가 몹시 궁금했다. 그래서 회사를 차려 성공했다는 사장들의 이야기가 나온 책은 닥치는 대로 다 읽었다. 무엇 하나 그대로 따라 할 수 있는 것은 없었다. 그러나 자신의 일에 몰두하며 회사를 키운 사장들의 이야기는 너무나 감동적이었다. 이렇게 열심히 해볼 만한 일이 세상에 또 있다니. 갓 운동을 그만두고 열정을 쏟아부을 수 있는 새로운 일을 찾던 나에게 딱이었다.

이것이 사업의 시작이 될 줄은 몰랐다. 우슈 공연을 위해 한국에 왔던 중국 친구들이 두고 간, 포장도 뜯지 않은 쌍절곤 20개와 우슈 액세서리들. 지금도 그렇지만 나는 그때부터 물건이 쌓여 있으면 못 견뎠던 것 같다. 새 상품이 20개나 있으니, 하나에 1만 원씩만 받고 팔아도 20만 원의 용돈을 벌 수 있을 것 같았다. 시급 5,000원으로 계산하면 하루 8시간, 꼬박 5일 동안 일을 해야 벌 수 있는 돈이었다.

그런데 문제는 상품이 쌍절곤이라는 것이다. 대한민국에 쌍절곤을 돈 주고 구매하는 사람이 과연 몇이나 될까? 옷이나 가방이라면 눈 딱 감고 길거리에서 팔아볼 텐데……. 길거리에서 쌍절곤을 파는 것보다 쌍절곤 공연을 해서 '동냥'을 하는 편이 빠르겠다 싶었다. 그러다 눈에 들어온 것이 바로 인터넷 쇼핑몰이다. 의류 쇼핑몰이 주를 이루고 있어서 나는 시도해볼 생각조차 하지 않은 세계. 여성 의류 쇼핑몰은 옷 입는 센스가 남다른 사람이 해야 성공한다고 해서 남의 일이구나 했다. 10대, 20대 가장 예쁜 시기에 운동복과 운동화만 사 모은 내가 무슨 감각으로 옷을 팔겠는가. 하지만 창업 관련 책에서도 미용 도구 쇼핑몰, 식물 쇼핑몰 등 가지

각색의 상품을 판매하는 사례를 보았던 참이었다. 나는 무술을 했던 사람이니 무술용품을 판매하면 되지 않을까 싶었다. 마침 논문을 준비하고 있던 대학원생 시절이라 한 학기에 한두 번은 중국과 한국을 오가며 지냈는데 한국에 들어올 때마다 뭔가 하나씩 더 사들고 오기 시작했다. 간이 작은 나는 한 번에 여러 개도 아닌 딱 한 개씩 소심하게 사들였지만, 우슈 병기나 이소룡 관련 캐릭터 상품들 위주로 구색을 조금 갖추어서 오픈마켓에 올려보았다. 7~80년대 홍콩 영화에 열광했던 중년 남성들의 향수를 자극하겠다는 계산이었다.

스물여섯 살 겨울, 쌍절곤 스무 개를 들고 나는 사장이 되었다.

03

이베이 판매,
돈도 잡고 영어도 잡고

("한 페이지에 꼬박 하루가 걸려서야 겨우
나의 '쌍절곤 영문판 설명서'를 만들 수 있었다.")

호기롭게 쌍절곤 몇 개를 가지고 '이소룡 컬렉션'이라며 실행에 옮긴 것까지는 좋았는데, 생각만큼 팔리지가 않았다. 한 달 동안 단하나 팔았을 뿐이었다. 여기저기 상품을 올려보고, 나름 온라인으로 마케팅도 열심히 해보았는데도 반응이 없자 슬슬 지쳐가기 시작했다. 처음 상품을 등록했을 때는 매일 아침 일어나자마자 주문확인부터 하곤 했지만, 얼마 지나지 않아 확인창을 여는 일이 스트레스가 됐다. '혹시 팔렸을까?' 하는 기대감이 '설마 오늘이라고 팔렸겠나?' 하는 회의감으로 바뀔 때쯤이었다. 평소 습관대로 도서관에서 책을 뒤적이고 있었다. 이때는 인터넷 상거래 관련 책에 폭 빠져 있어서, 그 분야의 책을 모조리 다 빌려 읽던 시기였다. 그중에 한 권이 바로 전 세계를 대상으로 하는 인터넷 시장 '이베이eBay'에서의 판매법을 다룬 책이었는데, 책을 펼쳐 들자마자 쏙 빠져들었다.

영어 사이트를 정복하다

우리나라 전체 인구의 몇 배에 달하는 회원을 보유하고 있는 사이트에서 장사를 해야 하는 것이 아니냐는 책 속 당연한 이야기는 나에게 크게 와 닿지 않았다. 너무 교과서적인 옳은 말씀은 잔소리같이 느껴진다. 내가 당장 해봐야겠다고 결심하게 된 계기는 바로 이베이 판매를 시작하면 공짜로 영어 공부를 할 수 있을 것 같았기 때문이다. 중국에서 무려 7년을 살면서 나는 고등학교 때 배웠던 기초 영어능력까지 증발할 위기에 봉착해 있었다. 중국에서도 대학생은 '대학영어'라는 교양 과목을 듣지만, 유학생에게는 중국어를 배우기도 벅차니 영어 과목을 아예 면제해주는 호의를 베풀었기 때문이다. 그러다 막상 한국에 오니 토익 성적이 있어야 취업 서류라도 넣을 수 있었다. 취업의 기본 요건이라도 갖추어야 하지 않을까. 발등에 불이 떨어졌다. 공부는 하기 싫고 성적은 쉽게 오르지 않았다. 그때 토익에서 쓰이는 바로 그 예문들, 공지글이니 광고글이니 이메일이니 하는 것들이 이베이에서 다루는 영어와 아주 흡사하다는 것만으로도 이베이에 관심이 생겼다. 게다가 듣고 읽는 것에만 그쳤던 영어 공부를 이베이 판매를 통해 실전에서 직접 써볼 수 있으니 얼마나 재미있을까.

완벽한 영어를 구사하지는 못했지만 당장 이베이 판매에 도전했다. 누군가 나의 부족한 영어 실력을 흉볼지도 모른다는 두려움은 없었다. 중국어 기초 과정을 거치면서, 실수해서 얼굴 빨개지는 '굴욕의 시간'은 외국어 공부에서 당연히 거쳐야 하는 수순인 것을 깨달았기 때문이다. 중국에서 함께 유학을 했던 언니가 중국 생활을 시작한 지 얼마 되지 않아 닭고기를 사러 시장에 갔는데 '닭고기'를 뜻하는 중국어를 배우기 전이었다. 그래서 정육점 아저씨에게 "지단 마마 짜이 마鸡蛋妈妈在吗, 달걀 엄마 있나요"라고 용감하게 물었더니, 외국인인 줄 단박에 알아보았던 주인아저씨가 웃으면서 "지단 마마 부 짜이, 지단 빠바 짜이鸡蛋妈妈不在, 鸡蛋爸爸在, 달걀 엄마는 없고, 달걀 아빠는 있어"라고 농담을 했다. 그 과정이 어쨌든 결론은 닭고기를 샀다. 그럼 된 것 아닌가? 모로 가도 서울만 가면 된다고 했다. 십수 년 영어 책 붙잡고 있던 세월을 보상받도록 영어를 써서 달러 한 번 벌어 보자는 마음으로 나는 이베이에 발을 내딛었다.

국내의 웬만한 쇼핑몰은 내 손으로 상품 등록까지 문제없이 마쳤지만, 이베이는 달랐다. 결제 방식 등록, 판매 계정 생성 등 혼자서는 따라 하기 힘든 것투성이었다. 이베이를 소개하는 책 한 권을 붙들고 일주일 동안 끙끙거리다 보니, 영어로 된 사이트만 보면 눈이 빙글빙글 돌던 어지럼증에서 벗어나 판매 관련 용어들이 눈에 익기 시작했다. 문제는 상품 페이지 만들기였다. 아주 기초적인 정보만 들어가면 되는데도, 당최 장문의 영어 작문을 해본 경험이 없으니, s가 붙는지 마는지, ed를 붙여야 하는지 ing를 붙여야 하는지 한참 헤매야 했다. 한 페이지 만드는 데 꼬박 하루가 걸려서야 겨우 나의 '쌍절곤 영문판 설명서'를 만들 수 있었다.

세상에서 제일 재밌는 영어공부법
이베이 판매

드디어 3주 만에 이베이에서 상품 하나가 팔렸다. 첫 손님은 지구 반대편 노르웨이에 사는 사람이었다. 신기하고 기뻤지만, 한편으로는 당황스러웠다. 책에 나온 대로 우체국에 들고 가서 부치면 되는 줄은 알았지만, 알루미늄으로 만들어진 제품이 혹여나 국제배송 중에 찌그러지지는 않을까 걱정이 되어서 포장을 쌌다 풀었다를 몇 번이나 했다. 사은품을 넣고 손편지를 쓰고 우체국에 가져가는 데 꼬박 반나절이 걸렸다. 등기번호도 없는 저렴한 일반 소포로 보낸 제품이 제대로 갈까 싶어 긴장했으나, 다행히 손님은 15일이 지나자 "Great"라는 피드백을 남겨 나에게 자신감을 안겨주었다.

그 후로 이베이 판매는 승승장구했다. 1주일에 하나, 3일에 하나가 팔리더니, 하루에 한 개씩 팔리기 시작했고, 재미를 붙인 나는 무술용품뿐만이 아닌 돈 될 만한 물건을 모조리 올려 팔기 시작했다. 확실히 전 세계를 대상으로 하는 시장이라 그런지 독특한 제품도 잘 팔렸고, 새로운 상품을 올려놓으면 꾸준히 반응이 왔다. 감을 잡은 나는 해외에 판매할 만한 상품을 공수하는 데에 많은 시간을 들였다.

손님들은 나의 어설픈 상품 페이지에 나오는 오탈자나 문법상의 오류까지 짚어주었고, 매일 메시지를 주고받으며 나의 영어 실력 역시 늘었다. 나는 중국어 공부를 할 때, 친구들에게 받은 휴대폰 문자 메시지를 한 권의 노트에 정리해서 외우면서 문법을 자연스럽게 공부했는데, 이번에도 역시 같은 방법으로 고객들의 메시지를 한 권의 노트에 기록했다. 하지만 몇 년이 지나서 다시 노트를 들춰본 나는 깜짝 놀라고 말았다. 이베이는 전 세계를 대상으로 하는 시장인 만큼 영어권 국가의 손님뿐만 아니라 브라질, 프랑스, 러시아 등 다양한 국가에서 문의가 온다. 그들의 문법상의 오류도 만만치 않았던 것이다. 그렇지만 문장이 조금만 길어져도 "나의 서툰 영어가 미안하다" 말하며 제 발 저리던 나와는 다르게 그들은 당당하게 자신들이 원하는 것을 요구하고 궁금한 것을 물어보는 데 주저하지 않았다.

그러다 보니 나는 어느 순간부터 외국인을 만나도 '쫄지' 않게 되었다. 못 알아들으면 "Pardon?" 몇 번 하면 그만이다. 단 한 번도 영어권 나라에서 공부한 적은 없지만, 영어는 이제 자신 있다. 어디 이베이만 있으랴. 해외의 수많은 오픈마켓 사이트들, 그 나라의 언어로 운영되는 각 나라의 사이트에 조금만 관심이 있다면 수익도 올리고 자기 계발도 할 수 있는 기회가 널려 있다. BBC 방송을 듣고 〈허핑턴포스트〉를 매일 읽으면 영어가 는다고? 어디 재미없어서 사흘이나 하겠는가. 그런 면에서 이베이 판매는 탁월한 선택이었다.

해외 판매를 시작하고 보니 일이든 자기 계발이든 각각 따로 떼서 하는 것보다 둘을 합쳐서 하면 시너지 효과가 난다는 것을 알게 되었다. 일에는 두 가지 종류가 있다. 오로지 돈을 위해서 소모적으로 자신을 소비해야만 하는 일과 일당 외에도 남는 것이 많은 알짜배기 일이 그것이다. 후자와 같은 일을 해야 '경력'이라는 것이 쌓인다.

세상의 많고 많은 일 중에서 우리는 평생 많아야 한두 가지의 일을 골라 할 수 있다. 일생에서 일을 하며 쓰는 시간이 지배적이므로 일을 잘 골라야 평생을 잘살 수 있다. 내가 영어로 쌍절곤 하나를 팔아보겠다고 애쓰던 과정은 나에게 세일즈와 영어의 첫 관문을 통과하는 의식이었다. 이만치 남는 장사도 없을 것이다.

0원으로 시작한
쇼핑몰 창업

"경험과 내공 없는 투자는
연기처럼 사라지기 마련이다."

창업을 하면 으레 '자본금'이라는 것을 준비해야 한다고들 생각한
다. 그런데 대학원생 신분이었던 나는 투자를 할 수 있을 만큼의
여윳돈이 없었다. 하지만 내가 읽었던 온라인 마케팅 책들은 하나
같이 이야기했다. 처음에는 '돈'을 들이지 말고 '공'을 들이라고. 처
음부터 멋있게 시작하고 싶겠지만 처음에는 시간과 노력을 들여야
나중에 돈이 들어갔을 때 시너지 효과가 난다는 것이었다.

　하지만 책을 덮고 실제 인터넷 쇼핑몰 창업을 준비하다 보면, 돈

들일 데가 많았다. 인터넷 쇼핑몰 솔루션 업체는 쇼핑몰 제작 단계마다 새로운 명목의 비용을 요구했다. 100만 원만 내면 원스톱으로 다 해결된다거나 교육비로 몇십만 원에서 기백만 원을 요구하는 곳도 부지기수였다. 그래서 다시 검색을 했다. 무료 쇼핑몰, 무료 호스팅, 무료 홈페이지. 그러자 내가 이제껏 보던 것과 전혀 다른 검색 결과가 나왔다. 가입비나 월정액 이용료를 안 받는 무료 쇼핑몰 솔루션 업체들도 있었다. 이 업체들은 따로 홍보를 하고 있지 않기 때문에 직접 열심히 찾아봐야 한다.

키워드에 '무료'를 추가하니 새로운 세상이 보였다. 과연 손품을 조금만 더 팔면 초기 비용을 한없이 낮출 수 있는 인터넷의 시대다. 디자인이 다소 심심하더라도 무료로 제공되는 사이트에 가입을 하고 쇼핑몰 만들기 연습을 하기 시작했다. 그리 어렵지 않았다. 몇 안 되는 제품을 가지고 나 홀로 쇼핑몰 만들기 놀이에 빠졌다. 물론 처음 만든 것을 가지고 운영을 할 수 있을 거라는 생각은 하지 않았다. 너무 허접스러웠기 때문이다. 다만 내 홈페이지를 만든다는 기쁨이 컸기 때문에 지치지 않고 배너를 새로 넣고 로고를 바꾸며 놀았다.

쇼핑몰 하나를 제대로 만들려면 최소한 100개 정도의 제품은 있어야 구색이라는 게 갖추어지는데 거기까지는 무리였다. 물론 이때는 아직 선 판매 후 사입을 알기 전이었다. 오픈마켓에서 어쩌다 하나씩 판매되는 수준인데 구색을 맞추느라 무리해서 여러 제품을 들일 수는 없었다.

처음에는 돈이 아닌
공을 들여야 한다

창업 강의를 하며 가장 놀랐던 것은 많은 사람들이 돈 들이지 않고 할 수 있는 기본 작업을 찾아보거나 시도해보려고 하기보다는 크게 고민하지 않고 유료 서비스 가입을 클릭한다는 사실이었다. 시간을 들여 작업하기 귀찮으니 일종의 투자라 생각하고 시원하게 돈을 쓰는 것이다. 돈을 들였으니 수익이 날 것이라 기대하면서 말이다.

　하지만 내공 없이 돈만 들어가면 절대 결과물을 낼 수 없다. 특히 쇼핑몰 디자인, 시스템 구축, 광고 관련 투자금은 연기처럼 사라지기 십상이다. 돈을 들이지 않아도 팔릴 정도의 실력을 쌓아야 돈을 들였을 때 몇 배의 효과가 나는 것이지, 처음부터 투자금으로 판매에 승부를 보려고 하면 꼭 실패하게 된다. 인터넷 쇼핑몰을 시작했다가 몇백, 몇천만 원 단위의 투자금을 잃고 그만두었다는 이야기를 접할 때마다 정말 속상하다.

　이렇게 판매의 기초 공사를 마치고 나니 이제 열심히 상품을 올려서 판매할 일만 남았다. 초반에 돈을 들인 것이 거의 없으니 손익분기점을 넘기는 것은 금방이었다. 하나 팔고 남은 돈을 쓰지 않고 모았다가 다시 제품을 사는 것으로 투자를 했다. 비록 돈이 없어서 독학으로 땡전 한 푼 안 들이고 창업을 했지만, 돈이 있어도 이것이 정답이라는 생각이 든다. 그리고 스스로의 힘으로 배운 내용들은 결코 시간 낭비가 아니었음을 쇼핑몰을 유지하고 관리하면서 더 절실히 느끼게 되었다. 돈이 아닌 공을 들여 쌓은 탑은 그렇게 쉽게 무너지지 않으니 말이다.

돈 버는 취미

"자기가 좋아서 하는 일은 결코 힘들지 않다.
그래서 나는 쉬는 시간에도 돈을 벌었다."

보통 여러 가지 일을 벌이면 하나만 하는 것보다 못하다고 생각하는 경우가 많다. 회사에서 연봉 10% 인상하기는 쉽지 않지만, 투잡, 쓰리잡을 잘만 하면 연봉의 10% 정도쯤이야 가뿐히 벌 수 있다. 하다못해 일당 5만 원짜리 주말 아르바이트만 해도 한 달에 40만 원을 더 벌 수 있다. 푼돈이라고 무시하면 섭섭하다. 1년 동안 차곡차곡 쌓이면 13월의 월급을 선사한다.

물론 여러 가지 일을 동시에 하다 보면 몸도 힘들고 피곤할 수 있다. 하지만 재미나 취미로 할 수 있는 일을 투잡으로 하면 일 자체를 즐기면서 돈을 벌 수 있다. 또 자신의 관심 분야나 이직을 희망하는 분야를 투잡으로 삼는다면, 해당 분야의 일을 조금이나마 경험해보면서 자신이 과연 그 일과 맞는지도 테스트해볼 수 있다. 잘 맞는다면, 본업을 바꿀 수 있는 기회가 될 것이다. 내 경우가 그랬다. 쇼핑몰 일은 내 관심사를 발전시켜 도전해본 것뿐이었고, 버는 돈 역시 소소했다. 회사를 차리고 싶었지만 이걸로 먹고살 자신은 없었기에 취업과 함께 시작한 일이었다. 그런데 그저 재미있고 신기해서 도전한 일이 뜻밖에도 삶의 낙이 되었다. 본업에서 받는 스트레스를 풀면서 쉬는 놀이가 되었다. 피곤하지 않냐고? 밤새워 게임을 하는 사람에게 물어보면 된다. 밤새 게임을 하면 힘들거나 졸리지 않냐고. 자기가 좋아서 하는 일은 절대 힘들지 않다.

지금껏 내 최고의 취미는 돈 버는 것이었다. 그래서 나는 쉬는 시간에도 돈을 벌었다. 처음에는 주말도 평일과 다름없이 일을 했다. 재미있고 신났기 때문이다. 지금은 장기전을 위해 평일에 굳었던 머리를 식히기 위한 혼자만의 시간을 갖는다거나 운동을 하거나 악기를 배우거나 어학원을 다니기도 하지만, 그래도 가장 즐거운 것은 돈을 벌고 있거나 돈 벌 준비를 하고 있을 때다.《노는 만큼 성공한다》라는 책을 보면 이런 이야기가 나온다. 두 농부가 논에서 벼를 베는데, 한 농부는 쉬지도 않고 일을 하고 한 농부는 쉬엄쉬엄 벼를 벴다. 그런데 저녁이 되어 수확한 양을 보니 쉬면서 일한 농부가 더 많은 벼를 벤 것이 아닌가. 이유를 물어보니 쉬면서 일한 농부는 쉬는 시간에 낫을 갈았다고 하더란다. 여기서 중요한 것은 '낫을 갈았다'는 것이다. 쉬는 날 하루 종일 이불 안에서 군것질하며 예능 프로그램이나 미드 한 시즌 다운받아서 보면 기가 막히게 좋다. 그렇지만 그것도 어쩌다 한 번이어야 행복하지 매일 그러면 아까운 시간을 낭비한 것 같아 허무한 생각이 든다. 자신의 미래를 위해 쉬는 시간에 어떤 낫을 갈고 싶은지 한번 생각해보자. 낫을 가는 시간이 결코 힘들지 않을 것이다.

액수는
중요하지 않다

내 투잡 중 하나는 블로그를 운영하며 얻는 부수입이다. 블로그를 어느 정도만 관리하면 네이버블로그의 '애드포스트'와 구글의 '애드센스'를 등록할 수 있다. 둘 다 내가 포스팅한 글 주변에 광고 배너를 붙여서 관심 있는 사람의 클릭을 유도하고, 클릭수만큼 나에게 돈을 준다. 클릭 한 번당 몇천 원에서 몇만 원짜리 광고도 있지만, 애드포스트의 경우 10원 단위, 애드센스의 경우 100원 단위가 대부분이다. 전문적인 주제를 가지고 있어서 방문객이 많은 블로거의 경우 광고만으로 한 달에 몇십에서 몇백만 원까지 벌어들인다고 하지만, 나 같은 미미한 블로거는 큰 수익을 내기 힘들다. 그런데도 그게 뭐라고 30원, 50원 올라가는 재미에 매일 아침 눈뜨면 주문 확인과 동시에 간밤의 수익을 확인해본다.

이런 10원짜리 수익에 아쉬워하며 블로그 방문자를 어떻게 하면 늘릴까 알아보다가 블로그 체험단이라는 것을 알게 됐다. 요즘 맛집을 검색하면 순수한 맛집 포스팅은 보기 힘들다. 상위에 노출되는 것의 대부분은 업체에서 모집한 체험단이 꼼꼼한 사진과 글귀로 올린 포스팅들이다. 나도 맛있는 집에 가면 블로그에 올리기 위해 사진을 한두 장 찍고 글을 올리곤 했는데, 대놓고 사진을 찍지도 못하고 소심하게 후다닥 찍는 경우가 많았다. 블로그 체험단이라는 것에 호기심이 발동한 나는 밤새 인터넷을 뒤져 블로거와 식당을 이어주는 중간업체를 10군데도 넘게 수집했다. 그리고 당시 일 방문자수가 100명도 채 되지 않았던 블로그를 대문도 뜯어고치고 구색을 갖춘 후 경쟁률이 낮거나 미달인 곳만 공략해 꾸준히 신청을 했다. 일주일 만에 난생처음 블로그 체험단으로 선정이 됐다. 2만 원 남짓의 무료 시식권에 당첨되고 얼마나 기뻤는지 모른다.

예약을 하고 매장을 방문해 마치 기자가 된 것처럼 매장 구석구석을 카메라에 담았다. 처음 쭈뼛쭈뼛하던 내 자세도 달라졌다. 블로그 글 작성 솜씨나 사진 찍는 기술도 점점 늘었다. 성의를 다해 꼼꼼히 포스팅을 하자 이후에는 쉽게 선정되기 시작했고, 블로그 방문자수도 자연스럽게 늘어났다. 새로운 집에 가서 처음 보는 음식을 먹어보는 기쁨도 클뿐더러 사장님의 경영 방식이나 마케팅에 대한 이야기를 들을 수 있어서 똑같이 장사하는 내 입장에서는 많은 공부가 됐다. 이런 이야기들은 내가 손님으로 갔다면 결코 들을 수 없는 이야기였다. 처음에는 맛이 없으면 어쩌나 '블로거지' 취급을 받거나 업체가 불친절하면 어쩌나 하는 걱정도 들었지만, 대부분은 일정 수준 이상의 음식과 서비스를 유지하기 위해 노력하는 집들이었다. 손님을 유지하기 위해 다양한 방법의 마케팅을 시도하는 사장님들의 노력을 보며 배우는 점도 많았다.

글 하나, 사진 한 장으로
돈 벌기

맛집 체험단을 몇 번 하고 나니 굉장히 중요한 자산이 모였다. 바로 음식 사진! 제품을 촬영하기 위해 DSLR 카메라를 가지고 있었지만 휴대폰 카메라만도 못하게 써왔던 나는 늘 사진 공부를 좀 하고 싶다는 생각을 하고 있었다. 내가 잘 찍고 싶었던 것은 우아한 풍경 사진보다는 엄마 얼굴이나 내 방의 소품처럼 몇 년 후에 추억

할 수 있는 소박한 사진들이었다. 사진에 대한 관심으로 기웃대던 중 스톡 작가라는 것이 있다는 이야기를 들었다. 개인 작가들이 스톡 사진 사이트에 사진을 올려서 판매를 하고, 사이트와 작가가 수익을 배분한다고 했다. 사진을 찍고 돈을 벌 수 있다고 생각하니 관심이 가 사이트에서 본 것과 비슷한 느낌의 상품 사진 몇 장을 사이트에 투척해봤지만, 심사에서 탈락했다. 그렇다고 혼자 카메라를 들고 무작정 사진을 잘 찍어보겠다고 나가기도 부담스러워서 마음에만 담아뒀었다. 그런데 체험단을 하면서 쓸 만한 사진이 모인 것이다.

한 번 음식점을 방문하면 50장 이상의 사진을 찍게 되는데, 아무리 못 찍어도 그중 한두 장은 건지기 마련이다. 그때 스톡 사진 업체에서도 한국의 고유 음식 사진이 필요하지 않을까 하는 생각이 들었다. 외국에서 쓰는 기사나 칼럼에 한국 음식 이야기가 나오면 한국 사람들이 올린 스톡 사진을 가져다 쓰지 않겠나. 한국 음식을 검색하면 보통 비빔밥, 불고기와 같은 대표적인 몇몇 음식의 사진만 올라와 있는데, 내가 찍은 닭발, 막창, 찜닭, 주먹밥과 같은 사진은 특이하니까 틈새시장이라 생각했다. 설레는 마음으로 바로 10장을 업로드 해보았다. 결과는 일단 다 퇴짜. 대신 왜 이 사진이 안 되는가에 대한 설명이 적혀 있었다. 앵글이 안 좋다, 화이트밸런스가 안 맞다, 사진이 흔들렸다 등의 코멘트가 붙으면 그것을 잘 기억했다가 다음에 사진 찍을 때 참고했다. 이런 식으로 스톡 사진에 대한 감을 잡아가며 사진을 찍었더니, 어느 날 드디어 내 사진이 등록됐다! 내 이름 옆에 'Photographer'라는 이름이 붙었다. 나도 사진작가가 된 것이다. 너무 기뻐서 방방 뛰어다녔다.

처음 내가 생각했던 것과는 달리 곱창, 닭발과 같은 독특한 사진보다는 장미, 선글라스와 같이 일상적이고 평범한 사진이 더 잘 팔렸다. 사진을 판매하면 작가는 보통 한 장에 300원에서 3000원 정도를 받는데, 판매가 늘면 배당되는 수익금도 높아진다. 이 역시 큰돈은 아니지만, 사진 실력도 늘려주고 새로운 돈벌이가 되니 얼마나 즐거운지 모른다. 전업 스톡 작가의 경우 수입이 천문학적인 사람도 있다지만, 작은 돈이라도 나는 매우 기뻤다. 구도도 제대로 못 맞추던 평범한 내가 찍은 사진을 단돈 100원이라도 지불하고 지구 반대편의 누군가가 살 거라고 상상이나 했겠나.

인터넷 시대가 되면서 새로운 기회가 매일매일 열린다. 나처럼 평범한 사람의 글 하나, 사진 한 장으로도 돈을 벌 수 있다. 그래서 나는 새로운 기회가 등장할 때마다 인터넷을 들여다본다. 어쩌면 아직 나의 능력을 발휘할 곳을 찾아내지 못했을지도 모르기 때문이다. 가만히 있었다면 내게 사진을 찍는 능력, 글을 쓰는 취미가 있는지 어떻게 알았겠는가. 물론 내가 손을 댄 것마다 돈으로 이어진 것도 아니고, 아무리 노력해도 푼돈밖에 안 되는 것도 있었지만, 개중에는 목돈을 번 것도 있었다.

인터넷으로 의미 없는 가십거리만 읽을 수도 있고 게임만 할 수도 있다. 하지만 나는 게임 포인트를 모으는 것보다 현금을 모으는 것이, 남이 써놓은 것을 수동적으로 읽는 것보다 직접 뭐라도 글을 써 다른 사람의 반응을 보는 것이 좋았다. 이렇게 가벼운 마음으로 접근했던 것이 내 취미이자 투잡이 되었다. 그 시작은 매우 소소했다. 매일 손에 붙잡고 있는 스마트폰과 컴퓨터의 즐겨찾기 목록만 바꾸었을 뿐이다.

06

남는 방으로 쓰리잡,
에어비앤비

("이 일은 그 어떤 이유보다 마음이 움직여서
할 수 있는 나만의 일이었다.")

종잣돈을 모으면 꼭 하고 싶었던 사업이 부동산 관련 사업이었다. 월세 받으며 사는 삶, 누구나 한 번쯤 꿈꾸는 일 아닌가. 그리고 내가 꿈꾸던 그 목표를 향해 가고 있는 듯했다. 하지만 나는 남들이 흔히 하는 것처럼 처음부터 큰돈을 부동산에 덥석 투자하거나 대출받아 부동산 경매투자를 할 위인이 못 되었다. 간이 너무 작아서! 나는 돈이 모이면 모일수록 더욱 겁이 났다. 잃을 것이 없어서 무서울 것이 없었던 예전과 달리 그동안 피땀 흘려 번 돈을 한순간에 날릴 수도 있다는 생각에 겁이 났다. 1억이라는 돈이 생겼지만 섣불리 쓰지 못하고 일부는 사무실 보증금으로 썼고, 일부는 CMA 통장에서 하루 몇천 원 이자를 받고 있었다.

그러다 배낭여행을 다녀온 동생에게 에어비앤비를 이용해서 저렴하게 숙박을 해결할 수 있었다는 말을 듣게 됐다. 에어비앤비를 쉽게 설명하자면, 내 집이나 방을 전 세계인을 대상으로 빌려줄 수 있는 일종의 글로벌 민박집 중개업체다. 안 그래도 외국인을 대상으로 한 게스트하우스가 점점 늘고 있다는데, 처음부터 거창하게 부동산업에 들어가는 것은 무리일 수 있지만, 3일, 5일씩 방을 빌려주는 에어비앤비 플랫폼은 부담없이 시작해 볼 수 있을 것 같다. 그때부터 나의 주특기인 독학으로 게스트하우스, 펜션, 민박, 임대사업에 대한 모든 책을 모조리 섭렵하기 시작했다.

집 계약도 전에
손님을 구하다

어느 정도 감을 잡기 시작하자 사무실과 가까운 거리에 전세방을 물색하기 시작했다. 마침 월세를 전세로 바꾸고 싶어 내가 살 곳을 알아보던 참이었다. '시험 삼아 한번 방을 내놓아보고 반응이 없으면 내가 들어가서 살면 되지'라는 생각이었다. 어찌됐든 손해 볼 장사는 아닌 것 같았다. 만일 에어비앤비로 손님이 계속 들어오면 내가 지금 월세로 내는 금액보다 더 많은 돈이 들어올 것이다.

설레는 마음으로 전세 계약을 하고 계약금을 넣은 날, 방 구경할 때 찍은 사진 몇 장으로 에어비앤비에 방을 등록했다. 전 세입자가 이사를 나가기도 전이었다. 쇼핑몰에 상품 등록을 몇만 개나 했는데, 에어비앤비에 방 등록하는 것은 문제도 아니었다. 상품을 파는 것이나 방을 파는 것이나 소비자 입장에서 니즈를 예상해 그에 맞는 답을 미리 알려주면 된다. 처음이고 후기도 하나도 없는 신규 업자인 나는 요금을 최저가에 맞춰 올렸다. 오픈마켓에서 상품 판매를 할 때처럼 최저가보다 더 낮게 가격을 쓰지는 않았다. 최저가 경쟁을 시작해버리면 나보다 더 잘하고 있는 사람은 더 낮은 가격을 쓸 수밖에 없을 것이고, 나 역시 이길 수 없는 게임에서 다 같이 죽자고 덤빌 수는 없었다. 대신 중심가가 아니었기 때문에 동네 소개를 조금 더 소상히 했다. 내가 구한 구로구의 방은 외국인들에게 생소한 곳이었지만, 지하철역에서 가까운 것이 장점이었다. 사람 사는 풍경이 있는 조그마한 동네라고 소개하며, 동네의 시장과 맛집, 공원 등을 사진과 함께 보여주고 공항에서 걸리는 시간이나 주요 관광지까지 대중교통으로 얼마나 걸리는지를 적었다. 내가 외국에 가면 경험하고 싶은 것들을 떠올려보며 소개글을 작성했다. 해외 오픈마켓에서 독특한 상품을 팔면서 세상에 나와 같은 사람이 몇 명은 있겠지라고 생각했던 것과 같이, 나와 같은 여행 스타일의 손님들을 유치할 작정이었다.

그리고 방을 등록한 다음 날, 당장 내일 너희 집에 묵고 싶다는 메시지를 받았다. 반응이 너무 빨라 깜짝 놀랐다. 정식으로 계약을 하기 전이라 정중히 거절했지만, 이미 몇 달치 방이 다 찬 것과 같이 배가 불렀다. 그리고 진짜 내 방이 되고 난 일주일 후부터 손님들의 방문은 끊이지 않았다. 중심가보다 저렴했기 때문이어서인지 장기 투숙하는 손님이 많았다. 장기 투숙하면 할인을 해줬기 때문에 내 수익은 줄었지만 대신 손이 덜 가니 훨씬 편했다.

이건 단순한
임대업이 아니다

그런데 게스트하우스 책을 보면서 짐작은 했지만, 이것은 내가 꿈꾸던 임대업이 아니었다. 첫 손님은 싱가포르에서 온 20대 커플이었는데 열흘을 묵기로 했다. 나는 퇴실일이 다가오자 안절부절 못하기 시작했다. '방, 특히 화장실을 엉망으로 썼으면 어쩌지'부터 '비품을 망가뜨렸으면 어쩌지' '커플 손님이 묵었는데 차마 못볼 걸 보게 되면 어쩌나'까지. 전날 밤 잠이 오지 않았다. 특히 풀옵션으로 된 방을 임대한 터라 뭐 하나가 고장 나면 며칠 방값보다 수리비가 더 들어갈 상황이었다. 퇴실일에 나는 편의점에서 커피 2개를 사들고 배웅하러 원룸에 들렀다. 그리고 깜짝 놀랐다. 정말 깨끗했기 때문이다! 방을 깔끔하게 쓴 것은 물론이고 침구 정리도 가지런히 해놓고 아침에 자기들이 쓰고 난 수건까지 빨아서 널어놨던 것이다. 감동이었다. 앞서 읽었던 에어비앤비 책에서 싱가포르 손님이 깐깐하다고 하는 문구를 보고 약간의 우려를 하면서도 모든 사람들이 다 그런 것은 아닐 거라 생각했는데, 내 믿음이 맞았다. 해외 오픈마켓에서 판매를 하면서 판매자에 따라 상품에 따라 유독 안 맞는 나라가 있기 마련인데, 그것을 보편적인 상황인양 '어느 나라에 판매하면 문제가 많이 생깁니다'라고 일반화시키는 것은 맞지 않다.

첫 싱가포르 손님에게 열흘 동안 여행하면서 제일 좋았던 곳이 어디냐고 물었더니, 내가 소개해준 부평 지하상가가 최고였단다. 같은 지하철 1호선 라인이라 가기 쉽고, 관광지보다 가격도 저렴하고, 20대가 쇼핑하기에 딱이었던 것 같다. 그 친구들을 보내고 나니 더 잘해주기는커녕 방을 지저분하게 쓸지도 모른다는 걱정이나 하고 있던 것이 미안해졌다. '일생에 한 번밖에 없을지도 모르는 한국 여행을 우리 집에 와서 묵는 것도 인연인데……' 하는 생각에 사명감이 생겼다. 그래서 다음 손님을 위해 나만의 서울 여행 팁을 모아 자료를 만들기 시작했다. 홍대, 명동, 강남 같은 유명한 곳은 넣지 않았다. 그 대신 진짜 서울 사람들이 자주 가는 곳 위주로 추천했다. 일명 'Hye mi's Lifestyle!' 영화관 가는 팁과 최신 영화 검색하는 법, 스타벅스에서 와이파이 접속하는 법, 구경하면 좋을 대형 서점, 예쁜 팬시용품을 파는 곳 등을 소개했다. 토요일, 일요일에는 1호선 라인으로 편히 갈 수 있는 동묘의 황학시장을 가볼 것을 추천했다. 손님들은 여행 전문가가 아닌 또래의 여자아이가 소개를 해주니 더욱 호기심을 가지는 것 같았다. 손님이 늘수록 나의 서울 소개 책자도 두꺼워져 갔다.

장기 투숙객들과는 함께 밥을 먹거나 가볍게 맥주 한 잔을 했다. 주로 한 달 이상 머무는 손님들이었기 때문에 주말에 갈 데 없이 집에 있을까봐 불러내기도 했고, 두 달가량 우리 집에 머문 러시아 친구는 아예 성당 청년회에 데리고 나가기도 했다. 그리고 식당에 들어가서 이야기를 좀 오래 할라치면 어김없이 나의 한국어 강의가 시작됐다. 나는 외국인 손님이라고 무조건 영어로 다가가지 않았다. 내가 외국에 가면 그 나라 언어를 한 마디라도 써먹어보려고 노력하는 타입이기 때문이다. 한국어로 먼저 "술?"이라고 물어본 후 잘 모르겠다고 하면 "How about a drink?"라고 다시 한 번 물었다. 빨리 빨리, 술 등 몇 단어는 마음먹고 계속 반복해서 가르쳤다. 나중에 자국으로 돌아가 한국 여행에 대한 기억을 더듬으면 자기도 모르게 "빨리 빨리" 하는 내 목소리가 귀에 맴돌기를 바라며.

이베이 판매를 하면서 외국 손님들과 몇 년 동안 메시지로만 대화를 했는데, 내 눈앞에 나타난 손님들과 얼굴을 맞대고 이야기하니 다 예쁘게 보이고 호감이 갔다. 내가 여자 호스트라 그런지 주로 여자 게스트가 다녀갔는데 덕분에 많은 이야기를 나눌 수 있어 공감대가 형성되었다. 일이 더욱 재미있었다. 일을 하고 있다는 생각이 전혀 들지 않았다. 게다가 외국인들을 상대로 우리나라의 다양한 모습을 알려주고 외화도 벌다 보니, 보람까지 느낄 수 있었다.

나만 할 수 있는
숙박업

가벼운 마음으로 시작했던 일에서 나는 또 하나의 적성을 찾았다. 외국인 게스트를 대하는 이 일을 너무나 즐기고 있었다. 사실 투자 개념으로 오피스텔을 하나 사서 월세를 주면 일은 간단하지만 재미는 없을 것 같다. 기껏해야 월세 밀리면 세입자에게 싫은 소리를 하고, 집에 문제가 있을 때 세입자에게 받는 전화가 전부일 것이다. 임대인과 임차인이 친밀하고 좋은 관계가 되기는 참 힘들다. 게다가 세입자를 구할 때마다 들어가는 부동산 수수료에 도배나 기본 옵션 수리비 같은 자질구레하게 들어가는 비용도 만만치 않다. 하지만 외국인을 대상으로 한 단기 임대업을 해보니 보증금이 들어오지 않는다는 단점이 있기는 하지만, 월세를 받는 것보다 더 많은 수익을 낼 수 있었고, 손은 조금 더 가더라도 다양한 사람들을 대하다 보니 훨씬 흥미로웠다. 또 외국어로 대화가 가능하면서 민박 시스템에도 능숙해야 했기 때문에 모든 임대업자들이 시도할 수 있는 시장이 아니라는 점도 나에게 경쟁력이 있었다. 이 일은 그 어떤 이유보다 마음이 움직여서 할 수 있는 나만의 일이었다. 그래서 나는 이 업역에서 다음 단계로의 도약을 위해 좀 더 계획적으로 돈을 더 모으기로 했다. 1억을 모았던 것과 마찬가지로 2억을 향해, 그 이상을 향해 전진했다.

나의 에어비앤비 이야기

나의 에어비앤비 숙소는 원룸이었다. 하루에 3만 5,000원의 숙박비를 받았고 장기 숙박을 하는 손님에게는 할인을 해주었다. 에어비앤비의 호스트 수수료는 매우 저렴하다. 3%밖에 되지 않는다. 하지만 게스트 수수료라는 것이 있다. 예약 대금에 따라 달라지는데 무려 6~12%나 된다. 그래서 손님이 체감하는 금액은 내가 제시한 금액에서 평균 10% 정도 높은 금액이라고 보면 된다. 한 달에 숙소를 유지하는 데, 수도세와 전기세를 포함한 관리비가 약 10만 원 정도 들었고, 월 60~80만 원의 순수익이 생겼다. 쓰리잡으로 호기심에서 한 일이기 때문에 초기 비용으로 투자한 금액이 거의 없다. 안 쓰는 이불을 깨끗하게 빨아 비치했고 남는 그릇, 냄비를 가져다 놓았으며 따로 인테리어를 하지도 않았다. 투자를 하는 대신 저렴한 가격을 받았기 때문에 장기 투숙객이 많아서 관리하기 편했다. 지금은 에어비앤비 시장도 경쟁이 심해져 정말 말처럼 쉽게 남는 방 한 칸 내어주면 나갈 정도로 호락호락하지는 않다. 어느 정도의 투자를 해야 하고 경쟁력도 갖추고 있어야 한다. 인테리어가 깔끔하거나, 아침을 제공하거나, 공항 픽업 서비스를 하는 등 다양한 서비스를 하는 호스트가 늘고 있다.

07

판매 마진 50% vs.
재테크 수익 7%

("누구나 자신에게 꼭 들어맞는 방법이 있다.
나는 내 일에 투자했다.")

성공을 위한 필수 과정인 양, 혹은 샐러리맨의 탈출구인 양 공격적
인 투자를 기본으로 하는 재테크 열풍이 분 적이 있다. 그런데 재
테크라는 것이 말처럼 쉬운 것이 아니어서인지 실제로 큰 수익을
얻었다고 하는 사람은 드물었다. 대신 섣불리 손댔다가 손해를 보
았다는 사람은 많았다. 나 역시 재테크 책이란 책은 이 잡듯 다 뒤
져 읽어가며 청운의 꿈을 품었다. 종잣돈만 모으면 그 돈을 쪼개서
여기저기 투자해봐야지 다짐했다. 하지만 다른 사람 주머니의 돈

을 내 주머니로 가지고 오는 것이 어디 쉬운 일인가.

대학생이던 20대 초반, 없는 돈을 모아 소비가 아닌 투자를 하겠다며 300만 원을 주식에 투자했다가 무려 100만 원을 잃었다. 주식 관련 책도 적게 본 것은 아니지만 '이 한 권만 보면' 성공한다는 수많은 비법서들은 아무 도움이 되지 않았다. 원래 산수가 힘든 천생 문과생인 나는 투자에 필요한 통계와 수치를 이해할 수 있는 머리가 없었다. 제대로 이해도 못한 채 맹목적으로 하는 투자는 그냥 복권을 사는 것과 다름없었다. 아버지는 "그 돈으로 화장품이나 사지……. 주식이 말처럼 쉬운 게 아니다"라며 웃으셨다. 그 말을 듣자 갖고 싶었던 브랜드의 100만 원어치 화장품이 머릿속에 퍼뜩 떠올랐다. 100만 원이면 얼마나 많은 제품을 살 수 있는가. 너무 속이 상해서 접시 물에 코 박고 죽고 싶었다. 가만히 있는 것이 돈 버는 것이라는 말이 딱 나를 두고 하는 말이었다. 단돈 100만 원으로도 이럴진대 큰돈을 잃은 사람들은 그 심정이 어떨지 이해가 됐다.

무작정 시작할 수는 있지만 무조건 따라해서는 안 된다

이후 나는 나의 충실한 재테크 수단으로 '판매'라는 분야를 개척

했지만, 여전히 돈이 돈을 벌어오는 재테크에는 관심이 간다. 특히 종잣돈이 생기면 몸이 움찔한다. 금리도 낮은데 목돈이 은행에 잠자고 있는 것도 마음에 걸리고, 요즘 새롭게 뜨는 재테크 기법들을 외면하면 뒤처지는 기분도 들었다. 하지만 덜컥 투자하기도 꽤 망설여진다. 아직 얼마 안 되는 돈을 가지고 투자한다고 설치다가 손실이 나면 휘청할 것 같았다. 다시 0원으로 돌아가 1,000만 원, 2,000만 원 만드는 일을 두 번 할 자신도 없었다.

100만 원을 잃었던 뼈아픈 기억을 되새기며, 수입은 늘었지만 여전히 아껴 쓰고 원금 손실 없는 적금이나 예금에 차곡차곡 쌓았다. 그리고 돈을 더 버는 것으로 재테크를 했다. 직장인이었다면 평일에 일하고 주말에 쉬어도 매달 비슷한 돈이 꼬박꼬박 들어오니 쉬는 시간을 이용해 재테크에 관심을 가졌을지도 모르겠다. 하지만 나는 내가 쉬면 돈이 들어오지 않는, 365일 굴러가는 판매업을 하고 있었기 때문에 불확실한 수익을 생각하며 금융투자를 하는 것보다 내가 더 열심히 일하는 것이 훨씬 수익률도 좋고 확실했다. 제품을 판매하면 많게는 50% 이상의 마진이 나는 경우도 있는데, 6~7% 금융투자 수익을 보자고 큰돈을 배팅하는 것은 썩 개운치 않았다. 그래서 나는 내 일에 나를 투자했다. 첫 투자에 실패한 후 스스로 정립한 나름의 소신이었다.

남들과 똑같이 살기 싫다면서도 남들이 하는 것을 안 하면 불안해하는 모순적인 사람들……. 그 틈에서 남들 한다고 무작정 따라 하지 말고 조금 넓은 시각에서 둘러보며 그것이 진짜 나에게 맞는 지를 여러 번 따져봐야 한다. 비단 재테크뿐 아니라 공부든 인생이 든 모든 것에는 자신에게 꼭 들어맞는 방법이 있다. 무작정 시작할 수는 있지만, 무조건 따라 해서는 안 된다. 이 방법 저 방법을 잘 조합해 나만의 방법을 만들어내야 비로소 내 것이 된다.

08

최고의 재테크는
안 쓰는 습관

"이번 달에는 저축을 얼마 할 수 있을 것인가만
생각하며 아끼고 안 썼다."

찢어지게 가난하지는 않았지만 넉넉지 않았던 어린 시절부터 아껴 쓰는 습관은 몸에 배어 있었다. 게다가 최소한의 생활비로 버텨야 했던 중국 유학 생활을 거치며 '안 쓰고 사는' 생활은 나에게 그리 불편하지 않다. 지금도 1,000원 한 장도 값어치 없이는 쓰지 않는다. 적어 보이는 1,000원 한 장이 1억을 모을 수 있는 원천이 될 수 있기 때문이다.

 사업을 하며 수익을 늘리기 위해서는 누가 뭐래도 더 많은 매출을 올려야 하겠지만, 더 중요한 것이 있다. 쓸 데 없는 데 돈을 쓰지 않는 것이다. 나는 종이 한 장도 정말 아낀다. 꼭 앞뒷면 다 써야 마음이 놓이고, 종이가 재활용이 아닌 쓰레기로 분류되는 것도 못 참는다. 종이 한 장에도 이러한데 하물며 다른 것은 어떻겠는가. 비품, 밥값, 전기세, 가스비, 통신비……. 고정비를 줄이기 위해서는 전세금을 위해 받은 대출의 이자를 줄이는 것이 1순위였다. 돈이 모이는 대로 제일 먼저 대출금부터 상환했다. 일상생활에서도 아끼는 것이 습관이 됐다. 내가 한 끼 식사에 할당한 돈은 5,000원이었다. 어쩌다 6,000원짜리 밥을 먹으려면 고민해야 했다. 내가 오늘 6,000원짜리 밥을 먹을 만큼 열심히 살았나? 미용실도 무려 18개월 동안이나 가지 않은 적도 있다. 어릴 적 내 모습이 줄곧 검은 긴 생머리였던 것이 괜히 청순해 보이고 싶어서 그랬던 것이 아니다. 저축액! 이번 달에는 저축을 얼마 할 수 있을 것인가만 생각하며 아끼고 안 썼다.

돈을 안 쓰면 돈 벌 시간이 생긴다

돈을 아끼고 안 쓰면 시간이 얼마나 많이 남는지 모른다. 돈을 안 쓰면 갈 데가 없다. 그 시간에 혼자 컴퓨터를 붙들고 상품 등록만 무한 반복했다. 팔릴 만할 제품을 찾으려고 쉬지 않고 검색을 했다. 마음 한구석으로는 스타벅스 가서 편한 마음으로 커피도 마시고, 가격에 연연하지 않고 서울의 맛집도 속속들이 찾아다니고 싶었다. 엄마랑 같이 피부 관리를 받는 사치도 누려보고 싶었다. 하지만 그런 곳에 돈을 써도 될 만큼의 관용이 스스로에게 베풀어지지 않았다.

사람이 너무 안 쓰고 살면 소비하고 싶은 욕구가 폭풍처럼 일 때가 있다. 그때 나는 판매할 물건을 사입하면서 그 한을 풀었다. 어떤 물건을 판매할 수 있을까 찾는 시간이 쇼핑처럼 즐거웠다. 나중에는 온전히 나를 위해 쇼핑하는 시간이 오히려 아깝게 느껴졌다. 이 시간에 상품을 검색해서 올리면 몇 개를 더 팔 수 있을 텐데 하는 생각 때문이었다.

포털 사이트에서 살고 싶은 꿈의 집을 검색하는 것도 쇼핑을 절제하는 데 도움을 주었다. 좋은 아파트나 오피스텔을 검색해서 '내가 저 집을 갖게 된다면'이라고 생각해보면 구두나 화장품 따위를 사는 것에 신경 쓰는 것이 시시해 보였다. 그리고 억 소리 나는 부동산들을 검색하다 보면 '아, 아직 멀었구나, 더 모아야겠구나' 하는 동기 부여도 된다. 가방은 없어도 살 수 있지만 집은 없으면 한겨울 길바닥에서 얼어 죽을 수도 있지 않나.

부자들은 소비가 아닌 투자를 한다고 한다. 쉽게 말해 돈을 쓸 때도 그로 인해 생길 가치나 수익을 생각하면서 쓴다는 의미다. 이 말을 맹신하며 무던히 따랐다. 유행 따라 옷을 사는 것은 심사숙고 했지만 자기 계발을 위한 학원비는 아낌없이 썼고, 돈을 써서 시간을 아낄 수 있는 일에는 과감히 투자했다. 이것이 습관이 되니 여유가 생겨도 충동구매를 하거나 쓸 데 없는 데 지출하는 일이 거의 없었다.

쓸 데 없는 데 지출을 하지 않으면 이득을 보는 것이 또 한 가지 있다. 집을 넓게 쓸 수 있다. 내 방은 남자 방같이 단출하다. 친구들이 놀러오면 작은 옷장과 작은 책장에 놀라는 동시에 집이 평수에 비해 커 보인다는 사실에 놀란다. 작은 집을 크게 쓰려면 자주 버리면 된다. 안 쓰는 물건이나 필요 없는 물건은 바로바로 팔거나 버리다 보니, 이제는 물건을 살 때도 언제쯤 버려지겠다는 견적이 나오고, 빨리 버리게 될 것 같은 물건은 안 사게 된다. 간혹 누가 봐도 필요 없는 물건을 사고 싶을 때가 있다. 그럴 때는 '쟤는 내 방보다 쇼윈도에 걸려 있을 때가 더 예뻐'라고 생각하며 참는다.

20대를 지나 보니 화장기 없이 수수하게 다녀도 20대는 다 예뻐 보인다. 고등학생들이 교복만 입어도 그 자체로 싱그럽고 예쁜 것처럼 말이다. 하지만 30대가 되면 관리를 하느냐 안 하느냐에 따라 확연히 다르다. 특히 아이를 낳고 나면 그 차이는 더 커진다. 나이 들어도 스스로 만족할 수 있는 아름다움을 지키고 싶다면, 외모뿐만 아니라 품위도 함께 가꾸어야 한다. 잘 알겠지만 품위유지에는 어느 정도 돈이 들기 마련이다. 평생 내가 원하는 모습으로 살고 싶다면, 젊은 시절의 희생, 20대의 검약은 꼭 필요하다.

09

돈이 쌓이는
통장 관리

"투잡, 쓰리잡으로 일을 늘려갈 때마다
나는 통장을 새로 만들며 행복한 미래를 기대했다."

나는 어릴 적부터 저축을 게을리 하지 않았다. 중·고등학생 때도
대학생 때도 적금 통장을 만들어 쌈짓돈을 넣었다. 하지만 만기까
지 기다리는 것도 쉽지 않았고 목표 없이 모은 돈이라 그런지 생활
비나 학비에 보태져 바람처럼 사라지다 보니 저축을 하는 게 큰 의
미가 없었다. 다만 은행에 가서 통장 하나 새로 만드는 게 좋았다.
새로 만든 통장을 들여다보면 앞으로 이 통장을 빼곡히 채워 큰돈
을 모을 거라는 장밋빛 미래가 보이는 듯했다. 일을 시작하고 나니

내가 통장을 새로 만든다는 것은 새로운 일을 벌이고 있다는 뜻이었다. 투잡, 쓰리잡으로 일을 늘려갈 때마다 나는 통장을 새로 만들었고, 통장을 보며 행복한 미래를 기대했다.

돈 모으는 습관은
통장 관리에서부터

내가 지금 가진 통장 개수는 내가 벌이는 일의 수에 비례한다. '쇼핑몰 통장', '강의료 통장', '에어비앤비 숙박대금 통장', '취미 통장' 등. 이렇게 나눠놓으니 일에 따라 돈의 흐름을 한눈에 파악할 수 있어서 좋다. 여기저기서 돈이 들어오고, 나가야 할 곳도 다양한 내가 통장을 하나만 쓴다면 그 내역을 찾기도 힘들고, 가뜩이나 셈도 약한데 매달 어느 날 얼마의 돈이 들어오고 나갔는지를 알아내느라 답답했을 것이다. 통장 하나하나에 매월 밥을 준다고 생각했다. 그렇게 생각하니 투잡이든 쓰리잡이든 어느 것 하나 소홀히 할 수가 없었다.

통장은 종류에 따라서 관리하는 방법이 다르다. '쇼핑몰 통장'은 사업상 쓰이는 유동자금을 관리하는 통장으로 종합금융회사의 CMA 통장을 사용한다. 월급 통장으로도 많이 추천하는 CMA 통장은 웬만한 적금보다 이율이 더 낫고, 입출금도 자유로운 편이라

유동자금을 관리하기에 좋다.

'강의료 통장'과 '에어비앤비 통장', '취미 통장'은 모두 적금 통장이다. 본업으로 번 돈은 생활비로 지출하기 마련이다. 하지만 투잡으로 들어온 돈은 100% 저축한다. 그래야 돈을 모을 수 있다. 그래서 투잡 수입은 이율은 낮더라도 비교적 강제성이 있는 적금 통장에 저축한다. 이 통장은 월 적립 금액과 횟수에 제한이 없는 자유적립식 적금으로 만기는 1년으로 했다. 적립 금액에 한도가 있으면, 갑작스런 수익이 생겼을 때 입금을 할 수 없는 행복한 고민이 생긴다. 또 장기 적금의 이율이 조금 높기는 하지만, 1년에 한 번씩 적금 만기일에 돈을 찾는 기쁨과 성취감을 느낄 수 있고, 연수익을 계산하는 데도 편리하다. 게다가 1년마다 새로운 통장을 만드는 행복감도 느낄 수 있지 않은가.

내 통장 중 '취미 통장'은 블로그를 통한 광고 수입이나 스톡옵션의 수익, 중고나라에서 중고품을 판 물건의 대금 등이 모이는 곳이다. 1만 원, 2만 원 들어오는 푼돈이지만 이것이 1년 동안 모이면 100만 원이 넘는 꽤 큰 금액이 된다. 13월의 월급으로 딱이다.

회사에서 보너스를 타거나 상여금이 들어왔을 때 기분 좋게 '한턱 쏘면' 얼마나 신나는가. 특히 가족들에게는 지갑이 안 열릴 수가 없다. 나 역시 첫 월급을 탔을 때, 첫 강의료를 받았을 때 부모님 속옷도 사고 외식도 하고 용돈도 챙겨드리며 제대로 한 턱 쐈

다. 하지만 그러고 나니 남는 것이 없었다. 진짜 돈을 모으려면 조금은 강제적으로 돈을 묶어놔야 한다. 적금을 해약한다고 큰 손해를 보는 것은 아니지만, 그래도 적금 통장은 충동적인 소비를 막아준다. 과연 이것이 적금까지 깰 만한 일인가를 다시 한 번 생각하게 하기 때문이다. 1억을 먼저 모은 언니들이 했던 말이 기억난다. 적금 만기가 오고, 보험료가 돌아오고, 여기저기서 돈이 들어오더니 어느 날 1억이 모였다고. 직접 해보니 그 말 그대로 되었다. 꾸준히 여러 곳에 모아놓은 돈들이 세월의 흐름을 견디면 목돈이 되는 것이다.

10

자산을 불리는 대출,
몸집만 불리는 대출

"적절한 대출액이란 만기일 전에
갚을 수 있을 만큼의 금액이다."

그동안 모았던 첫 1억을 어디에다 썼냐고? 모두 엉덩이 밑에 깔고
앉았다. 전세금에 다 써버린 것이다. 그래서 사실 돈을 모았다는
느낌도, 써본 느낌도 없다. 하지만 월세에서 반전세를 거쳐 전세로
갈아타고 나니 기분이 다르다. 월세가 나가지 않으니 한 달에 최소
50만 원의 보너스가 생겼다. 5년만 계산해도 3,000만 원을 버는
셈이다. 그래서 월세를 낮춰줄 보증금을 모으는 것이 내 'To Do
List'의 1순위였다. 전세 보증금이 모일 때까지 돈을 모은 것은 아

니다. 돈이 어느 정도 모이면 대출을 받아 보증금을 높여갔다. 월세보다 대출이자가 저렴했기 때문이다.

　대출이 유용한 것은 레버리지 효과가 있을 뿐 아니라, 대출을 갚아야 한다는 의무감을 이용해 돈을 모으는 속도를 높일 수 있기 때문이다. 나의 1억 모으기에 가장 큰 공헌을 한 것이 바로 대출이었다. 특별한 목적이 없는 한 돈을 모으기란 쉽지 않다. 돈을 모아야겠다는 결심이 무색하게 더 급한 일에 써버리곤 한다. 하지만 대출은 만기 상환일이 지정되어 있고, 매월 이자도 내야 한다. 대출이 있을 때랑 없을 때, 돈을 대하는 태도가 전혀 달랐다. 대출이 있을 때는 웬만큼 중요하지 않다면 돈 들이는 일은 벌이지 않았다.

첫 대출
상환의 기쁨

2,000만 원의 첫 대출은 사업자로 등록한 후 받은 소상공인 대출이었다. 이 대출은 1년 거치, 4년 분할 상환이었다. 1년 동안 월 10만 원가량의 이자를 낸 후에 2년차부터는 원금과 이자를 합쳐서 월 50만 원가량을 상환해야 했다. 100만 원 월급 받던 시절, 한 달에 10만 원의 가외 수입을 올리는 것이 쉬운 일이 아니었다. 부업으로 돈을 빨리 많이 모아야겠다고 생각한 가장 큰 이유는 바로 이

10만 원의 구멍을 메우기 위해서였다. 나는 첫 대출 후 3년째 되던 해에 원금을 모조리 갚았다. 그리고 2,000만 원을 빌린 대가로 나는 3년간 은행에 약 360만 원을 이자로 냈다.

두 번째 대출은 사무실을 전세로 구하면서였다. 1억이 넘는 오피스텔 전세를 구하며 돈이 모자랐다. 그래서 전세자금대출로 5,000만 원을 빌렸다. 이번엔 이자가 월 20만 원이 넘었다. 대신 월세가 줄어들었으니 그에 비하면 덜 부담스러운 금액이었다. 이번에도 월세가 줄었다며 안심하는 대신 마음을 단단히 먹었다. 5,000만 원 상환의 무게는 크게 다가왔다. 한 달에 20만 원 더 벌기가 쉬운 일은 아니다. 그래서 꽤 많은 돈을 모았음에도 오랫동안 짠순이 생활을 유지할 수밖에 없었다. 나는 18개월 만에 5,000만 원을 상환했고, 약 350만 원 가량을 이자로 냈다. 이렇게 한 발 한 발 내 페이스대로 돈을 빌리고 갚아나가고 또 빌리고 또 갚았다. 대출 만기일이 되기 전에 중도상환금을 내고 갚기 위해 은행 창구에 앉아 있는 기분이 얼마나 으쓱한지 모른다.

적절한 대출의 비율이라는 것은 큰 의미가 없다. 내가 생각하는 적절한 대출액은 만기일 전에 갚을 수 있을 만큼의 금액이다. 대출을 받을 때는 내가 갚을 수 있을 원금 금액 내에서 했고, 최대한 원금을 빨리 갚기 위해 최선을 다했다. 그랬기 때문에 대출을 한 금액만큼 나의 순자산이 불어날 수 있었던 것이다. 그렇지 않은 대출은 몸집만 불릴 뿐이다. 만일 월세를 아껴주는 좋은 대출이니 괜찮다고 생각해서 안일하게 있었다면, 아마 나는 지금도 월세를 내는 삶을 살고 있을 것이다. 부채는 자산이 아니다. 부채도 자산이라는 달콤한 말만 믿고 자기합리화를 하면 안 된다.

대출을 받을 때는 신중에 신중을 기해야 한다. 대출이 전적으로 유용한 것은 아니다. 세상에 대출 받아서 실패한 사람이 얼마나 많은가. 경락잔금대출을 최대한 이용해서 부동산 경매를 받은 후 이자 40만 원을 내고 월세 50만 원을 받으며 부동산 가격이 오르기만을 기다리다가 손해를 본 사람이 무척 많다. 표면상으로는 10만 원이 남는 장사이지만, 도배부터 부동산 수수료까지 부가적으로 들어가는 비용을 제외하고 나면 분명 손해다. 자극적인 성공담만 읽고 시작하면 실패할 수 있다. 그런데 만약 내가 갚을 여력이 되는 대출이면, 부동산에 투자를 했다가 집값이 떨어져도 다시 오를 때를 기다릴 수 있기 때문에 위험하지 않다.

첫 대출은 중요하다. 공격적인 투자를 하기 전에 안정적인 대출을 하기를 권한다. 적금 만기의 기쁨을 누려보는 것처럼, 1,000만 원이라도 첫 대출 상환의 기쁨을 느껴보면 두 번째 세 번째는 더욱 성공적인 투자와 저축을 할 수 있을 것이다. 투자를 적게 하면 많이 벌지는 못해도 망할 일은 없다. 처음에는 하나하나 손으로 쌓는 것이 중요하다. 특히 20대에 몇 억 투자해서 부자가 되었느니 하는 말을 듣고 쫓아가면 가랑이만 찢어진다. 큰 투자를 해서 큰 성공을 했다는, 그래서 때로는 과감한 투자가 필요하다고 이야기하는 사업가들도 20대 때는 하나하나 맨손으로 시작했다. 그리고 그렇게 경험 많고 감이 좋은 사장님들도 도산하는 경우가 많은데 어떻게 내 손으로 벌어본 적도 없는 1,000만 원을 냉큼 대출부터 받는단 말인가. 엄밀히 말하면 부채는 자산이 아니다. 대출을 받는 목적은 갚기 위함이다. 이 기본적인 것만 잊지 않으면 크게 실패할 확률을 줄일 수 있다.

대출이든 투잡이든 창업이든 첫 걸음마를 떼는 아이처럼 처음에는 온 신경이 곤두서겠지만 한번 해보면 그다음은 전혀 신경 쓰지 않아도 될 만큼 자연스러워질 것이다. 우리에게 필요한 것은 넘어지고 고꾸라져도 끊임없이 첫 발을 떼려고 하는 의지다. 시작만 하고 나면 뛰어다니는 것은 시간 문제다.

3부

쌍절곤 20개로 시작한 파란만장 창업 분투기

01

나는 창업에
소질이 있을까?

("창업은 종합예술이다.
노력은 물론이고 나만의 특별함이 필요하다.")

사람마다 한 가지쯤 잘하는 일이 있다. 운동으로 비교해보면, 달리기를 잘하는 사람이 있는가 하면 골프를 잘 치는 사람이 있다. 힘이 좋아 역도를 잘하는 사람이 있고, 집중력이 좋아 사격에 능한 사람도 있다. 각각 재능도 다르고 좋아하는 것도 다르다. 창업 역시 그렇다. 분야마다 자신의 재능과 적성에 따라 성공확률이 높은 분야가 있다. 가끔 강의를 듣지 않으면 한 발짝도 못 떼는 예비 창업자가 있다. 정말 미안하지만, 이런 사람은 인터넷 판매에는 소질이 없다고 이야기해주고 싶다.

온라인 쇼핑몰은 컴퓨터 한 대만 있으면 적은 자본으로 시작할수 있고 재택근무가 가능한 매력적인 분야라 아직도 쇼핑몰 창업강좌로 몰려드는 사람들이 많이 있다. 그런데 우리 일에서 정말 중요한 능력은 바로 하루 종일 컴퓨터를 해도 질리지 않는 적성과 새로운 것이 나왔을 때 즉각 뒤져보고 습득하고 적용해보는 적응력이다. 나이는 상관없다. 어르신이라고 해도 원래 기계 만지는 것을좋아했고 SNS를 즐겨 쓰고 하루 종일 스마트폰을 손에서 놓지 않으며 젊은 친구들 못지않게 최신 앱도 곧잘 다운받는 분들은 잘하신다. 이런 분들은 오히려 20~30대들보다 유통처나 도매처를 구하는 것, 고객 응대하는 것을 노련하게 잘하며 더 잘나가는 경우도많다. 자리를 잡은 후에 젊은 직원을 고용해 복잡한 작업은 맡겨버리면 되니 큰 문제도 없다. 그런데 인터넷을 하려면 항상 누군가의도움이 필요하고, 이상하게 똑같이 따라 해도 남들은 괜찮은데 자기만 에러가 나고, 그 이유가 사소한데도 당최 뭐가 문제인지를 스스로 발견하지 못한다면, 인터넷 자체에 대한 자질이 별로 없는 경우다. 물론 그런데도 쇼핑몰을 하고 싶은 마음이 굴뚝같으면 된다.대신 척 보면 척인 사람들보다 두 배의 노력을 해야 할 것이다.

내가 이 일을 시작한 것은 2008년, 온라인 쇼핑몰 열풍이 한바탕 지난 때여서 온라인 쇼핑몰을 한다고 하면 곧 망할 것이라는 시선이 많았다. 하지만 나는 자신 있었다. 전체적으로 하향세였지만 내가 파고들 틈새시장이 있었고, 굳이 교육을 받지 않아도 어떻게 운영하면 될 것인지가 머리에 그려졌기 때문이다. 나는 컴퓨터가 일반인들에게 처음 보급되던 시절 컴퓨터를 학원에 가서 배우며 자란 세대다. 인터넷이 갓 나온 시절에는 천리안, 나우누리 같은 PC통신으로 밤을 새웠고, 세이클럽이나 다음카페 등에서 온라인 커뮤니티를 직접 운영하기도 했으며, 홈페이지를 직접 만들기도 하는 등 적극적인 인터넷 유저였다. 싸이월드, 블로그, 페이스북 등 시대별 유행이란 유행은 따라해보지 않은 것이 없었다. 인터넷 중독 테스트를 하면 언제나 심각한 수준으로 나왔다. 그래서 쇼핑몰 홈페이지를 만들어 운영한다면 어떻게 공간을 구축할 것인가에 대한 감이 시작하기 전부터 잡혀 있었던 것이다.

언제 어디서
무엇을 어떻게 팔까?

'누구나 할 수 있는' '손쉽게 할 수 있는'과 같은 수식어가 붙은 창업은 독이라고 생각한다. 온라인 창업은 쉽게 시작할 수 있지만 수익을 내고 오래가기는 매우 어렵다. 내가 중심을 잡고 움직이지 않으면 그 어떤 도움도 소용이 없다. 나의 개성이 뚝뚝 묻어난, 그래서 옆집과 차별화를 줄 수 있는 전략이 있어야 한다. 그 과정은 절대 무작정 따라하거나 배운다고 되는 것이 아니다. 나의 주관과 의지가 어느 분야보다 더 필요하고, 때론 책이나 강의에서 배우는 정석보다 나만의 역발상이 기가 막힌 반전을 가져오기도 한다.

또 한 가지 유념해야 할 것은 온라인 쇼핑몰이라고 해서 인터넷을 기술적으로 생태적으로 잘 안다고 성공하는 것이 아니다. 인터넷이라는 수단은 부수적인 것이지 창업의 본질이 아니다. 판매를 잘하는 기본기가 있어야 한다. 그래서 인터넷을 잘 다루는 어린 친구들만이 온라인 시장에서 판매를 독차지하고 있는 게 아니다. 또한 아무리 방법은 잘 알아도 무엇을 어떻게 판매해야 할지에 대한 생각, 욕심, 관심이 없다면 이 역시 알맹이가 빠져 있는 경우다.

연필 한 자루를 인터넷에 판매하려면, 팔릴 만한 연필을 사입해서 사진을 찍고 판매할 인터넷 마켓을 물색한 다음 수수료 등의 기본 사항을 숙지하고 상품 등록 방법을 이해하고 상품을 등록해야 한다. 노출을 위해서 어떤 마케팅을 할지도 고민해야 한다. 상품 관련 문의가 오면 친절히 응대를 해야 하고 판매가 되면 포장을 해서 상품을 보내는데, 그 후에 고객 클레임이 들어오면 교환 혹은 반품도 잘 안내해야 한다. 그리고 상품 대금을 정산받아야 하며, 분기별로 세금 신고도 잊으면 안 된다. 여기에다 해외 판매를 하려면 외국어가 능통해야 하며 우체국에 매일 직접 갔다 오는 수고도 해야 한다. 이것은 종합 예술이다. 우리가 무심결에 쓰고 있는 연필 한 자루는 만드는 데 이미 무수한 기술과 공정과 판촉 활동이 들어갔고, 거기에 유통 과정에서도 여러 사람의 수고가 모아져서 내 손에 들어오게 된 것이다. 연필 한 자루를 단돈 1,000원에 살 수 있는 것이 감격스러울 정도로.

그런데 이 과정을 꾹 견뎌낼 만한 창업 자질이 나에게 있는지 진지하게 고민해봐야 한다. 즉 적성이 맞는지 따져봐야 한다. 간략하게 설명했지만 실제로는 이보다 더 복잡하고 손이 많이 간다. 이 과정을 내가 할 수 있을지, 한다면 잘할 수 있을지 따져봐야 한다. 봉투에 풀 붙이기와 같은 단순 노동이 아니기 때문에, 상품을 팔기 위해서는 노력도 필요하고 옆 사람과 다른 '특별함'도 필요하다. 또 인내하고 감내해야 할 일이 많다.

나를 알아야 한다는 것은 그래서 참으로 중요한 얘기다. 내가 어떤 타입의 사람인지, 내가 하려는 일을 견딜 수 있는지 곰곰이 생각해보면 나의 창업 색깔을 만들 수 있을 것이다. 좋은 점만 이야기하고 누구나 할 수 있다는 희망 고문으로 괜히 발 들여놓게 했다가 실패해 시간 낭비만 하게 하는 일은 만들고 싶지 않다. 여러 사례를 통해 나라면 잘할 수 있는 나만의 일을 찾아야 한다. 나만이 할 수 있는 차별화된 것을 뭐라도 하나 탑재할 것! 그것이 창업의 본질이다.

무일푼 창업의 비밀

(
"안 팔리면 내가 쓰지 뭐!
내가 갖고 싶은 제품이면 남들도 구매할 만하다."
)

"무자본 창업, 월 200만 원 이상 수익 가능!" 누군가 이런 광고를 한다면 충분히 의심스러워 하겠지만, 실제 인터넷 세상에서는 충분히 일어나는 일이다. 실제로 내가 과거부터 지금까지 하고 있다. 어떻게 가능했을까?

많은 창업자들이 장사를 할 엄두를 못 낸다. 미리 사놓은 재고가 다 판매되지 않아 손해 볼 것을 염려하기 때문이다. 처음 장사를 하면 상품을 선별하는 능력도, 완판을 할 실력도 없기 때문에 안

전하게 월급 받는 직장 생활이 더 나아 보인다. 하지만 '판매 후 사입'의 방식으로 재고 없이 시작을 하면 손해 볼 일이 없다. 안목도, 관록도 장사를 하면서 키우면 되는 것이다.

안 팔리면
내가 쓰지

'물건이 안 팔리면 어떡하지' 생각하는 것은 모든 유통업계 사장님의 고민일 것이다. '회전율만 높이다 보면 수익이 나겠지' 하는 생각은 나 같은 소기업에게는 배부른 소리였다. 당장 이번 달에 적자가 나면 다음 달에 카드빚을 내야 할 수도 있다. 재고 더미에 앉을 바에야 가만히 있는 게 돈 버는 일이라는 말도 무시 못하겠다. 많은 쇼핑몰들이 매출은 큰데 재고 때문에 손해를 많이 본다. 연 매출 몇백 억이 나오는 쇼핑몰 CEO가 자살했다는 이야기가 괜히 나오는 것이 아니다.

나는 중국에서 유학을 하며 이런저런 제품을 사들고 와서 한국에 팔아보는 것을 여러 번 시도했다. 스카치테이프부터 휴대용 재떨이까지 품목도 여러 가지였다. 그런데 사업에 신중한 내가 최종적으로 지갑을 여는 순간은 이런 결론이 났을 때다. "에이, 안 팔리면 내가 쓰지 뭐!" 거의 모든 제품이 그랬다. 그래서 팔 수 있었던 것 같다. 내가 갖고 싶은 제품이면 남들도 구매할 만하다는 것이다. 내가 쓸 만한 제품을 선정했으니 전 세계를 대상으로 이거 몇 개 못 팔겠나? 그래서 지금까지 재고 더미에 쌓인 적은 없다.

이후에 더 좋은 방법을 알게 되었다. 바로 '선 판매 후 사입' 방식이다. 상품을 확보하지 않은 상태에서 사진만 인터넷에 올려놓고, 상품이 팔리면 그제야 사입을 하는 것이다. 안목이 없는 사람에게 정말 좋은 방법이다. 특히 한국 도매처 중에 '건 바이 건'이라고 한 건 한 건 주문이 들어올 때마다 발송을 해주는 곳이 꽤 많이 있다. 도매는 대량으로 들여와야 한다는 고정관념을 없앤 것이다. 그 후로 나는 중국에서 수입해온 무술용품에 국한하지 않고 정말 다양한 분야의 제품을 공수한 후 판매해보았다. 인기 있다는 화장품, 의류, 장난감 등 내가 좋아하는 것들은 다 실험해보았다. 그러면서 매출이 기하급수적으로 늘기 시작했다.

도매업체들과 계약을 할 때는 '건 바이 건' 가능 여부와 사진을 제공하는지를 가장 먼저 물어본다. 그다음에야 마진율을 따진다. 이 제품이 얼마나 팔릴지 모르는 상태에서 직접 사진까지 찍어서 일 다 해놓고 보니 판매가 되지 않는다면, 인건비가 마진율을 깎아먹게 된다. 또한 아무리 인내심이 강한 사람이라고 해도 이 과정을 두세 번만 반복하면 힘이 빠지고 열정을 잃어버리기 십상이다. 다행히 점점 제조사에서 고퀄리티의 사진을 많이 제공하고 있는 추

세고, 그 사진을 이용해서 조금의 포토샵 작업만 하면 상품 페이지 하나가 금방 완성된다.

상품이 없어도
판매를 한다

처음 이 사실을 알고 나서 나는 걱정을 했다. '이런 식으로 하면 전국의 모든 사람들이 쇼핑몰을 다 할 수 있겠다. 내가 설 자리가 있을까?' 하지만 경계하기는 일렀다. 강의에 나가서도 이런 이야기를 많이 해봤지만, 실행이 생각보다 빠른 사람만 가능한 일이다. 초기에 적당한 수익금이 회수되지 않은 상황에서 지속적으로 상품 페이지만 수백 개 올리며 끈기 있게 하기란 쉽지 않다. 하지만 이 훈련을 감수할 수 있는 사람은 오래 간다.

해외 판매를 할 때에도 선 판매 후 사업은 큰 장점으로 작용한다. 어차피 해외 판매는 물건을 받기까지 시일이 걸리는 것을 손님들도 감안해서 주문을 하기 때문에 하루 이틀 정도 늦더라도 기다려준다. 주문이 들어오고 나서 거래처에 상품을 주문해도 웬만하면 다음 날에 사무실로 제품이 도착한다. 게다가 해외 판매는 전화 응대를 할 필요가 없어서 일과를 마친 후 저녁 시간에 메시지로 답변을 할 수 있고, 물건을 포장해 다음 날 출근길에 배송을 하면 꾸준하게 투잡 형태를 유지할 수 있다.

재고의 부담이 없으면, 초기 자본도 적게 들고 현금 흐름을 원활히 할 수 있어서 장기적으로도 운영에 도움이 된다. 덕분에 내 사무실의 재고는 언제나 최소한으로만 유지된다. 잘 나가는 제품은 재고를 두고 여유 있게 판매하곤 하지만, 그런 제품이라도 상품의 생명 주기가 끝나서 좀 안 팔린다 싶으면 중고나라에 올려서라도 '손절매'를 해버린다. 창고에 묵혀 두는 것보다 다소 마진을 덜 보더라도 처리해버리는 것이 유리하기 때문이다. 그래서 내 사무실에 놀러온 사람은 의외로 얼마 되지 않는 재고에 놀라곤 한다. 창고에 있는 제품은 돈이라는 생각보다는 짐이라고 생각하는 편이 낫다. 재고가 다 자산은 아니다.

자본이 없어도, 재고가 없어도, 컴퓨터 한 대로 손가락만 까딱하면 접근할 수 있는 시장. 내 적성에만 맞으면, 나만 부지런하면, 지금 당장 무일푼으로 장사를 시작할 수 있다. 그렇다면 이건 정말 너무나 해볼 만한 일이 아닌가.

03

1인 수출 시대,
덕후를 공략하라

("'무엇을 팔까'가 아닌 '무엇을 사고 싶을까'를 생각하면
창업의 문이 쉽게 열린다.")

해외 오픈마켓 판매자들에게 받는 상담 유형 중 베스트 오브 베스트는 바로 이거다. '이 상품은 다른 판매자들이 너무 싸게 팔아서 경쟁이 안 된다.' '최저가에 맞추어 파느라 손해를 볼 지경이다.' 하지만 다 방법이 있다. 그땐 그 상품을 안 팔면 된다! 이게 다 다른 판매자들을 보고 따라만 하려니까 일어나는 현상이다. 가격경쟁이 안 되는 상품을 어떻게 팔 수 있겠는가. 과감하게 버리면 된다.

이미 나에게 도매 공급을 하는 업체가 직접 최저가로 온라인 판

매 중인 상품을 내가 무슨 수로 팔 수 있겠나. 기존에 판매되고 있는 상품 중 잘 팔리는 제품만 따라 팔려고 하고 새로운 상품을 찾아 올리는 것을 주저하거나 게을리 한다면 성공은 요원하다. 세상에 팔 수 있는 품목이 얼마나 많은데, 굳이 안 되는 상품을 잡고 낑낑대는가. 그러기보다는 새로운 상품을 찾는 것이 더 낫다. 특히 처음 시작할 때는 틈새시장을 파고드는 것이 수월하다. 처음부터 출혈경쟁이 난무하는 상품을 선택해서 베테랑 판매자들과 경쟁을 하기에는 무리가 따른다. 또 판매할 수 있는 제품은 때마다 바뀐다. 처음부터 끝까지 한 제품만 판매하는 판매자도 드물다. 아무리 틈새시장에서 성공했다고 하더라도, 철 따라 유행하는 제품도 있고, 상품의 생명주기가 빨리 끝나는 것들도 있다. 나 역시 처음부터 지금까지 오직 무술용품만 판매했다면 아마 진작 사업을 접어야 했을 것이다. 늘 두루두루 둘러보고 '누가 내 치즈를 옮겼을까' 걱정하기 전에 새로운 상품으로 내가 먼저 옮겨 타야 한다.

나만 아는
시장을 찾아라

중국에서 중국어 공부를 할 때, 나는 만년필의 도움을 톡톡히 받았다. 무수한 한자를 수만 번씩 쓰며 연습을 해야 하는데, 볼펜은 필기감이 끈끈해서 불편했다. 그런데 만년필로 쓰면 복잡한 한자를 물 흐르듯 이어서 잘 쓸 수 있을뿐더러 글씨가 더 예쁘게 써졌다. 중국의 대학생들은 만년필로 필기를 많이 해서 나도 하나 따라 사 봤는데, 만년필 덕분에 한자 쓰기를 밤 새워 신나게 연습하곤 했다. 가득 채운 잉크를 다 쓰고 다시 채우면 얼마나 뿌듯함이 느껴지는지 모른다. 그런 경험이 있는 나는 지금까지도 이베이에서 중국 만년필 중 유명한 브랜드인 HERO 만년필을 사 모은다. 배송비 포함 단돈 1달러에서 수백 달러까지 가격도 종류도 다양하다. 우리나라 사람에게 생소하지만 나는 이거 하나 있으면 몽블랑 안 부럽다. 내가 구매한 만년필의 판매 수량은 무려 1만 5,000여 개였다. 분명 나는 모르는 그들만의 시장이 있고, 그들은 모르지만 나만 아는, 혹은 특정 마니아들만 아는 시장이 있다. 그 범위가 전 세계로 넓혀지니 시장이 꽤 커진다. 이런 특색 있는 제품을 고른다면 시장 진입이 쉬워진다.

이베이는 이런 슬로건을 내건다. "이베이에 없으면 이 세상에 없다." 내가 볼 땐 과장이 좀 심하다. 우리나라의 우수한 제품들 중 이베이에 안 올라가 있는 제품이 얼마나 많은지 모른다. 이 많은 좋은 제품을 나 혼자 다 팔지도 못한다. 관심 범위가 다르기 때문이다. 판매자에 따라 잘 팔 수 있는 물건은 정해져 있다. 아이를 키우며 부업을 하고 싶은 엄마는 유아용품을 누구보다 잘 팔 수 있다. 내 아이에게 사줄 물건을 그대로 올려보면 백발백중이다. 물론 배송비와 수수료를 감안해서 더 비싼 가격에 올려야 하지만, 그 가격을 내고서라도 한국 것을 원하는 고객들이 전 세계에 퍼져 있다. 구매자 중에는 한국 교민도 많다. 해외에서도 한국에서 썼던, 내 아이에게 잘 맞는 특정 브랜드를 고집하기 때문이다. 외국에서 생활해봤거나 여행을 해본 적 있는 사람이라면 해외에서 구하지 못해 아쉬웠던 국내 물건을 팔면 된다.

'무엇을 팔까'를 생각하지 말고 '저 사람은 무엇을 사고 싶을까'를 생각하면 해외로 가는 문이 쉽게 열린다. 사람마다 구매하는 패턴은 모두 제각각이다. 그래서 이렇게 생각해보는 것도 좋은 방법이다. 이 넓은 세상에 나 같은 사람 몇 명 없을까. 한국 판매자들이 많이 취급하는 화장품이나 전자제품은 이미 가격경쟁이 치열해서 도매가로 물건을 받지 않으면 판매하기가 불가능하지만 내가 좋아하는 나만의 제품은 아직 시장가가 형성되어 있지 않기 때문에 소비자가로 팔아도 판매가 가능하다. 특히 소수라도 마니아, 시쳇말로 '덕후'가 형성되어 있는 제품이라면 더욱 좋다.

그런 물건을 찾았다면, 해외에 판매하기는 참 쉽다. 나에게 필요한 물건을 구매한 후 사용하기 전에 사진 먼저 찍어서 상품을 등록하고 일단 내가 쓴다. 판매가 되면 그제야 판매할 물건을 다시 주문해서 보내면 된다. 현재 이베이는 일정량의 무료 등록 개수를 제공하고, 아마존은 등록비가 없다. 판매가 되지 않은 상태라면 나의 투자금은 0원이다. 이것이 바로 1인 기업이고 1인 수출이다. 단순 노동 아르바이트를 하는 것보다 훨씬 유용하고 배울 점도 많다. 게다가 내 손으로 수출을 할 수 있고 달러를 벌어들일 수 있다니 꽤 가슴 벅찬 일이 아닌가?

내가 곧
사업 아이템이다

("쇼핑몰 창업에서 가장 중요한 것은 안목이다.
누구나 특정 제품에 대해서는 안목이 있다.")

한국 판매자들은 천편일률적으로 해외에서 어떤 제품이 가장 잘 팔리는지를 먼저 묻는다. 그리고 잘 팔리는 상품에 모든 판매자들이 달려들어 출혈경쟁을 서슴지 않는다. 인기 있는 가수의 K-POP 관련 제품이나 로드샵 화장품이 그렇다. 해외 마켓에서 로드샵 화장품의 가격은 배송비를 포함한 가격이 우리나라에서 판매하는 정가와 비슷하다. 박리다매로 판매를 하고 있는 도매업자들이 많아서 그렇다. 거기에 뛰어들면 최저가를 맞출 수가 없다. 가장 좋은 상품은 바로 나만 알 수 있는, 내가 좋아하는 제품이다. 내가 좋아하는 것이 한두 가지이겠는가? 한 달에 내가 구매하는 제품이 얼마나 많은가? 이것만 잘 파악해도 판매자마다 개성 있는 나만의 제품을 고를 수 있다.

좋은 MD가 되어야 한다

내가 처음 인터넷을 이용해 구매한 것은 옷이었다. 나는 패션 감각이 별로 없다. 옷 쇼핑 하는 것도 싫어한다. 서른 살이 넘어서도 엄마가 사다줄 정도다. 그런 내가 옷을 구매해야 할 때 도움을 구하는 곳이 바로 인터넷 여성 의류 쇼핑몰이다. 그런데 나는 쇼핑몰 사업자가 아니던가. 동대문에 가서 거래를 튼 다음에 내가 입을 옷을 도매가에 사입할 수도 있고, 도매 사이트에서 더욱 저렴하게 구매할 수도 있다. 나 같은 짠순이라면 충분히 그럴 법도 한데 나는 인터넷 쇼핑몰을 이용한다. 왜냐하면 나는 옷에 대한 '안목'이 없기 때문이다. 어쩌다 직접 동대문 시장까지 나서도 변변한 옷을 고른 적이 없다. 하지만 인터넷 쇼핑몰은 백화점보다 훨씬 돋보이는 디스플레이로 이런 상황에서는 이런 옷을 입으라고 딱 꼬집어서 알려준다. 강의를 해야 할 때, 중요한 미팅을 갈 때, 데이트할 때,

결혼식에 갈 때 등 상황에 맞게 코디해준다. 게다가 인터넷 쇼핑몰은 유통 마진까지 빼서 저렴하다. 여성 의류 쇼핑몰 사장님들도 이야기한다. 코디해서 촬영을 해놓은 세트 그대로 나가는 경우가 많다고. 나 같은 사람은 그저 감사할 따름이다.

쇼핑몰 사업을 하고 싶은 사람에게는 '안목'을 찾는 것이 중요하다. 누구나 특정 제품에 대해서는 안목이 있기 마련이다. 아이를 키워 보고, 내 아이의 것이라면 누구보다 깐깐하게 고를 자신이 있는 사람이라면 유아용품을 팔면 좋다. 더불어 내 아이에게 제품을 사용해보고 나서 직접 후기까지 써서 전달할 수 있다면 신뢰도가 올라갈 것이다. 농수산물 제품 쇼핑몰 중에서 현지에서 직접 재배하는 쇼핑몰이 더욱 믿음을 주는 것과 마찬가지다. 미용 고등학교를 나온 사람이 미용 관련용품을 판매하고, 무술을 전공한 나 같은 사람이 무술 관련용품을 판매한다. 무술하는 사람들에게 어떤 제품이 필요한지, 올해 경기 규정은 어떻게 바뀌었는지, 중국에서 유행하는 최신 병장기는 무엇인지 가장 빠르고 정확하게 알 수 있기 때문이다.

옷에 대한 감각이 있는 사람은 여성 의류 쇼핑몰을 하면 된다. 여성 의류 쇼핑몰 시장이 아무리 포화 상태라고 해도 소비자의 취향은 변하기 마련이고 새로운 것에 대한 니즈는 끊임없이 생길 것이다. 한국 유행을 좇는 한류 팬들이 많은 해외 오픈마켓에서의 판매라면 더욱 가능성은 높아진다. 실제로 해외 팬들은 심지어 한글로 된 우리나라 인터넷 쇼핑몰에까지 와서 옷을 구매하고 있다.

같은 옷이라도 리어카에 실려 있을 때와 완벽하게 코디해서 화보같이 찍어놓았을 때 그 옷의 판매량에는 큰 차이가 난다. 제품은 같은데 포장이 달라서 그렇다. 이것이 과하면 독이 될 수도 있지만, 잘 선별해서 정직한 코멘트와 사진으로 소비자에게 정보를 제공하는 것은 인터넷 쇼핑몰 판매자 본연의 의무다. 인터넷 쇼핑몰 사장님은 먼저 좋은 MD가 되어야 한다. 유행하는 상품과 좋은 공급자만 따라가다 보면 그 유행이 끝나는 동시에 내 판매도 끝난다. 물론 오픈마켓을 하다 보면 무수한 유행상품들이 나오기 마련이다. 나 역시 그런 제품들을 판매하지 않는 것은 아니다. 그렇지만 한두 해 판매하다 그만둘 것이 아니라면 주 종목이 있어야 한다. 오래 살아남으려면, 애착을 가지고 오랫동안 공을 들이고 밤새 씨름할 수 있는 나만의 아이덴티티가 담겨 있는 나의 제품을 팔아야 한다.

이익 구조,
이것 못 만들면 말짱 도루묵

"매출이 높은 것과
실제 손에 들어오는 돈이 많은 것은 다르다."

보통은 매출로 사업의 규모를 가늠한다. 그러나 소규모 사업자들에게는 매출보다는 내 손에 결국 얼마가 남느냐 하는 것이 관건이다. 많이 벌면 뭐하나, 홀랑 다 쓰고 없는데. 소규모 창업자라면 매출에 현혹되지 말고 정확히 얼마 남는지를 살펴봐야 한다. 장사를 하다 보면 앞에서는 남는데 뒤에서는 밑지는 경우가 얼마나 많은지 모른다. 시쳇말로 차 떼고 포 떼고 나면 남는 게 없는 경우가 많다. 규모는 번지르르한데 유지비가 매출을 뛰어넘거나 겨우 월급쟁이 정도의 수익을 챙기는 경우가 얼마나 많은가? 그래서 멋모르고 인테리어 비용 잔뜩 들여 힘들게 마련한 가게를 단 몇 달 만에 손해 보고 문 닫는 것이다. 생각할 수 있는 경우의 수를 다 생각한 다음에 최악의 경우가 생기더라도 마이너스가 생기지 않을 정도라야 내 손에 남는 것이 있는 것이다.

사은품은
사장님의 자기만족?

처음 인터넷 판매를 시작했을 때 나는 판매에 가장 많은 시간을 투자했음에도 불구하고 저축액은 가장 적었다. 서울에서 월세를 내며 살아야 했기 때문에 나가는 돈은 많았지만 판매는 시원치 않아, 먹고살기는 하는데 돈이 모이지 않아서 짜증이 났다. 판매를 늘리려고 노력을 많이 했지만, 성과는 없었다. 자리를 잡는 데 시간이 필요했다. 이 시기에는 월급과 투잡을 합쳐서 매달 약 150만 원의 돈이 남았다. 그런데 월세와 카드값을 내고 나니 내 손에 남는 게 거의 없었다. 대학원을 갓 졸업한 후라서 구두도 필요했고 향수도 사고 화장품도 다 바꾸고……. 친구들이 하는 것은 다 따라 한 결과였다.

이후 나는 무조건 저축액만 보기로 했다. 사업 유지비, 나에게 쓰는 품위 유지비가 모두 지출이기 때문이다. 회사를 위한 투자라고 생각해서 나한테 투자하면 밑도 끝도 없을 것 같았다. 원래 허레허식을 좋아하는 편도 아니고 중국에서 돈 없이 살아본 경험도 있으니, 절약하고 한 푼 더 모으는 것이 어렵지는 않았다. 이제는 스스로 돈을 버니까 이 정도는 괜찮겠지 하며 마셨던 1,000원짜리 오렌지주스도 끊어버렸다. 나에게 쓰던 돈을 아껴 20만 원씩, 50만 원씩 돈을 모았다.

　나에게 쓰는 돈에서는 더 이상 줄일 곳이 없자 상품 판매에 필요한 포장지, 사은품 등도 과하지 않은가 돌아보게 되었다. 스티커도 많이 만들고 로고 새긴 볼펜도 만들고……. 가관이었다. 손님을 위한 것이 아니라 다 자기 만족을 위한 것들이었다. 볼펜 준다고 필요도 없는 물건을 구매하고 싶은 사람도 있나? 아낌없이 다 퍼주고 나니 손님들이 오더라는 말은 오프라인 가게나 홈페이지를 운영할 때의 이야기다. 특히 온라인 중에서도 오픈마켓 고객들은 사은품을 받아 누가 줬는지조차 잊어버린다. 사은품 줄 돈으로 100원이라도 더 깎아달라는 충격적인 오픈마켓 상품평도 있었다. '아! 오픈마켓 판매는 다른 방식으로 접근해야겠구나.' 사은품이 내가 할 수 있는 최고의 투자인지에 대한 고민을 했고 결국 홈페이지에 들어와서 구매하는 손님들에게만 미리 공지를 한 사은품을 주기로 했다. 홈페이지에서 구매하는 고정 고객에 대한 감사의 마음이기도 했고, 오픈마켓과 홈페이지에서의 가격이 같은 경우 오픈마켓 수수료가 나가는 부분도 감안한 결과였다. 이런 일들을 통해, 오픈마켓에서는 사은품으로 단골 고객을 만들 수 없다는 사실을 깨달았다. 그리고 이렇게 하자 사은품에 드는 비용은 줄었지만, 오히려 충성 고객은 늘기 시작했다.

객단가를 올리는 것도
방법

판매 전략을 바꿔봤지만 순식간에 뭔가 한 방에 빵 터지는 것은 없었다. 일주일에 하나 팔리던 것이 일주일에 세 개로, 하루 하나 팔리던 것이 두 개, 세 개로 꾸준히 늘었을 뿐이다. 하나가 팔리든 세 개가 팔리든 꾸준하게 했더니 인지도가 높아지고 단골도 생기고 판매량도 늘었다. 객단가가 높은 제품 위주로 판매를 하고, 손은 많이 가지만 이윤이 적은 제품은 점차 줄여가기 시작했다. 예를 들어 1,500원에 들여온 액세서리를 2,900원에 팔면 거의 거의 50%의 이익이 남지만, 그에 들어가는 포장비, 포장 인건비, 전화 응대, 클레임 처리까지 계산해보니 도저히 힘들어서 버틸 수가 없었다. 귀걸이를 하루에 100개를 팔아야 14만 원이 남는데 그렇게 팔리지도 않았을뿐더러, 100개의 배송을 혼자 소화하려면 손목이 시큰해질 때까지 포장만 하다가 하루를 보낼 판이었다. 하지만 9만 원에 들어온 제품을 10만 원에 판다면 10% 수익밖에 되지 않지만 하루에 14개만 팔아도 똑같은 금액이 남는다. 어느 정도 자리를 잡은 후라면 추가로 들어가는 유지 비용이 크게 부담되지 않기 때문에 객단가를 높일 만하다.

내 사업을 하면서, 다른 사람의 매출이 얼마라는 것에 대해서 크게 개의치 않게 되었다. 왜냐하면 월 매출이 고작 500만 원이었을 때에도 나는 200만 원을 저축했기 때문이다. 매출이 높은 것과 실제 손에 남는 돈이 많은 것은 다르다. 그래서 나는 늘 나의 성적을 저축액으로 판단했다. 많이 팔아서 매출이 늘었지만 이윤이 적었거나, 많이 남았는데도 부모님 생신이나 집안 행사가 있어서 지출을 크게 했다면 그 달의 성적은 결코 좋은 것이 아니었다.

겉모습에 연연하면 안 된다. 번듯한 사무실과 고급 인테리어 등 몰라서 못하는 게 아니다. 인테리어 비용을 뽑으려면 상품을 도대체 몇 개를 팔아야 하는가. 경매도 집 몇 채 갖는 것이 중요한 것이 아니다. 그래서 얼마나 남았는지가 핵심이다. 사실은 '깡통집'을 안고 울고 있을 수도 있다. 남들과 비교하거나 남들 눈을 의식하지 않아야 한다. 다행스럽게도 나는 그런 것에는 타고났다. 내 몸에 걸치는 치장을 줄이는 것처럼 사업하는 데도 불필요한 액세서리들을 뺐다. 이것도 습관이다. 작은 구멍을 못 메우면 큰 구멍은 절대 못 메운다. 있어 보이려 하지 말고 진짜 있어야 한다.

실패의 경험은
빠를수록 좋다

("판매하기 전에 해야 할 것은
'손해 보지 않을 준비'뿐이다.")

강의를 하다 보면 수강생들의 성향이 한눈에 들어온다. 극단적인 두 부류를 비교해보자면, 어떤 수강생은 수업 진도가 나가기 전에 혼자 이것저것 미리 만져보고 실수도 하고 오류를 내기도 하는데, 강의를 들으면서 문제를 해결하고 상품 등록을 하고 일사천리로 판매를 해간다. 물론 상품 페이지의 수준이 그렇게 높지 않고 마진율도 그리 높지 않지만, 판매도 제일 먼저 경험하고 빨리 정착을 한다. 미리 올려놓은 상품들이 꾸준히 한두 개씩이라도 팔리니 흥미를 잃지 않고 포기하지 않는다. 물론 재미를 느끼니 후에 상품 페이지의 퀄리티도 스스로 높인다.

반면 어떤 수강생은 항상 수업 시간 30분 전에 강의실에 제일 먼저 도착해서 필기도 제일 열심히 하고 강의 자료를 달라고 해서 다 주면 판매 관련 논문을 한 편 쓸 기세로 디테일한 부분까지 다 공부한다. 질문도 꼬리에 꼬리를 물어 내가 지칠 정도로 끈질기게 묻고 또 묻는다. 하지만 수업 과정이 끝남과 동시에 판매를 포기한다. 너무 많이 알아버려서 겁을 먹었던 걸까? 후에 메일을 보내보면 준비 중인 아이템이 있는데 곧 나올 거라고 하지만, 상품 등록 숫자는 여전히 0을 기록하고 있다. 이런 사람들에게 인터넷 판매업이란 완벽하게 모든 것을 갖추어야 결과를 볼 수 있는 시장이 아님을 아무리 강조해봐도 자기만족이 되지 않으니 상품을 세상에 내놓을 수가 없는 것이다.

꼼꼼함이라는 것은 때로는 무기가 되기도 하지만, 때로는 독이 되기도 한다. 지나치게 꼼꼼한 성격은 추진력과 결단력을 떨어뜨린다. 공부를 할 때에도 꼼꼼히 한 글자 한 글자 들여다보는 사람이 있는가 하면 모르는 것은 일단 넘어가고 전체적인 윤곽을 잡은 후에 다시 처음으로 돌아와 공부하는 사람이 있다. 나도 일하는 스타일이 꼼꼼하지 못해서 덜렁거리고 실수도 많이 한다. 하지만 성질은 급해서 일단은 전체 윤곽을 빨리 잡고 모자라는 부분은 차차

채우거나 내 힘으로 안 채워지는 부분은 직원에게 맡긴다. 만일 내가 디테일을 신경 쓰느라 숲을 간과했다면 배를 산으로 몰았을 것이다.

처음부터 모든 일에 완벽할 수는 없다. 이를 인정하면 일이 쉬워진다. 신규개업한 곳은 조금 어설프더라도 손님들이 이해해준다. 신입사원이 전화 응대에 서툴면, 미리 손님에게 자신이 신입이라 아직 서툴다며 양해를 구하라고 시킨다. 아직 여물지 않은 실력으로 완벽한 척, 있는 척하는 모습이 오히려 애처롭게 보일 수 있다. 처음 만든 나의 상품 페이지도 중고나라에 올라오는 정도의 사진과 설명글에 지나지 않았는데, 오히려 오래 해보니 그 정도의 군더더기 없이 상품 설명에 치중한 상품 페이지가 구매 전환율을 높이는 데 도움이 된다는 것을 알게 됐다. 어깨에 힘을 빼고 갈 필요도 있었던 것이다.

손해 보지 않을 준비

판매를 하는 데는 일종의 단계가 있다. 먼저 쇼핑몰이든 오픈마켓이든 '시장'에 들어가서 수수료가 얼마인지, 어떻게 상품을 올리는지를 알아봐야 한다. 그리고 준비된 상품을 사진과 함께 올린다.

상품 페이지를 처음부터 완벽하게 꾸밀 수 있는 사람은 거의 없다. 필수 항목만 기입해 일단 하나를 등록해본다. 정확한 정보를 굳이 적을 필요도 없다. 금방 팔릴까봐 두렵다면 판매가를 다소 높이 설정해놓고 차후에 수정하면 된다. 상품이 팔린다면 그 후에 어떻게 해야 하는지에 대한 고민도 팔리고 나서 하면 된다. 팔리면 어떻게든 보내게 된다. 생각보다 배송비가 많이 나왔다면, 상품 가격을 올리면 된다. 해외 배송의 경우 팔리기 전에 배송비가 얼마나 나올지 어떻게 정확하게 예상할 수 있겠는가? 판매 후에 생기는 문제도 그때 해결하면 된다. 문제가 생기기도 전에 문제를 어떻게 해결해야 하는가에 대한 고민으로 상품을 등록조차 하지 못한다면 모든 학습이 무슨 소용이 있겠는가? 게다가 직접 부딪혀보지 않은 상태에서 복잡한 설명을 들으면 머리에 들어오지도 않고, 경험이 쌓이지 않으면 요령도 생기지 않는다. 출금을 어떻게 하는지, 세금을 어떻게 내는지는 장사가 잘된 다음에 생각해도 늦지 않다! 미리 알아두면 물론 좋겠지만, 고민만 하느라 앞으로 못 나가니까 문제다. 법을 알면 힘이 되지만, 모든 법 조항을 다 알고 살지는 않는 것처럼 말이다.

판매하기 전에 해야 할 일은 상품 가격을 어떻게 설정할 것인지와 판매 수수료를 체크해보는 것과 같이 '손해 보지 않을 준비'를 하는 것이다. 그런데 준비를 아무리 잘해도 손해를 보는 경우가 생긴다. 하지만 처음 하나를 손해 보고 팔았다고 해도 피와 살이 되는 수업료라고 생각하자. 손해가 날 정도로 저렴한 가격이었으니 손님의 선택을 비교적 빨리 받았을 것이고, 다른 판매자보다 훨씬 빠르게 전체적인 그림을 한 번 스캔할 수 있었으니까! 손해라고 해 봤자 1~2만 원이다. 강의실에 왔다 갔다 하는 시간과 기회비용, 그리고 차비를 생각하면 혼자 한 번 빠르게 시행착오를 겪어보는 것이 어쩌면 더 나을 수도 있다.

나의 완벽함이 회사를 위한 것인지 자기 만족을 위한 것인지 생각해봐야 한다. 완벽해야 하는 곳은 단 한 곳, 상품 페이지다. 그것도 디자인적으로 완벽한 페이지가 아니라 손님이 궁금해 하는 점, 최소한의 사진과 설명이 빠지지 않은 상품 페이지다. 그 외에는 조금만 힘을 빼고 가볍게 빨리 전체적인 윤곽을 살펴보는 것이 중요하다.

우선 팔고 나서
걱정하라

> "돌다리도 두드려보고 건너야 하지만,
> 돌 들여다보다 실개천 하나도 못 건널 것인가!"

나는 간혹 이베이에서 물건을 구매한다. 다른 판매자들은 어떻게 판매를 하는지, 배송 기간은 얼마나 되는지, 무슨 사은품을 끼워주는지 눈 여겨 볼 필요가 있기 때문이다. 검색을 하다 보면 흥미로운 제품도 많이 만난다. 특히 중국 판매자들이 판매하는 제품 중에는 0.99USD에 무료배송이라는 혹하는 조건의 제품도 있어 한참 들여다보게 된다(이거 읽고 사러 가진 마시길. 그런 저렴한 제품은 어차피 오래 못 써요). 어느 날, 유명한 브랜드의 반지를 판매하는 중국 판매자를 보았다. 가격은 배송비 포함 단돈 6.99USD. 100만 원이 호가하는 명품의 모조품이었다. 오프라인에서도 마찬가지지만, 당연히 오픈마켓에서는 모조품을 판매할 수 없다. 그런데 중국이 어떤 나라던가. 교묘하게 브랜드 이름이 있는 부분을 블러^{blur} 처리해서 상품명에 브랜드 이름 없이 판매를 하고 있었다. 나는 판매자에게 메시지를 보냈다. 사진 속 희미한 부분이 가장 중요하니 선명한 사진을 보내줄 수 있냐고. 즉각 답장이 왔다. 역시 내가 생각했던 그 모양이었다. 호기심에 주문을 해봤다. 한 달여가 지나서 받아본 후 깜짝 놀랐다. 너무 감쪽같아서! 문득 그네들의 조상으로부터 내려오던 명언이 생각났다. 병자궤도야^{兵者詭道也}! 전쟁이 속임수인 것처럼 삶도 그러하다는 듯 미국 마켓에서 보란 듯이 모조품을 판매하는 중국 판매자들을 보니 한편으로는 대단하다는 생각마저 들었다.

처음 장사를 하는 사람은 지레 겁을 먹기 마련이다. 처음 하는 홀로서기가 얼마나 두려우랴. 그래서 묻고 또 묻는다. 돌다리도 두드려보고 건너야 하는 것은 맞지만, 돌 들여다보다 실개천 하나를 못 건널 지경이다. 아직 상품이 하나 팔리지도 않았는데 "사업자등록은 언제 할까요?" "수출신고서 작성해야 하지 않나요?" "오픈마켓 판매 규정 중 유의해야 할 점은 없나요?"와 같은 질문이 쏟아진다. 내가 너무 무딘 탓도 있겠지만 이런 걱정을 미리 하는 것을 보고 놀라웠다. 나는 경주마와 같아서 한 번 발동이 걸리면 앞만 보고 달린다. 그래서 처음에 그렇게 깊이까지 생각을 못 했다. 인터넷 판매를 하면서 사업자등록증을 내야 한다는 것은 알았지만 그보다 더 앞섰던 걱정은 내가 올려놓은 물건이 과연 팔릴까, 내가 이 일을 견디고 오랫동안 할 수 있을까 하는 것이었다. 나는 하나가 판매되고 나서야 "아 팔리네?" 하고 그제야 제반 사항을 알아보았다.

일을 해보니, 창업을 위한 '순서'라는 것을 누가 정했나 싶을 때가 있다. 온라인 쇼핑몰이라는 것이 처음 생겼을 때, 발 빠른 판매자들보다 전자상거래법이 먼저 생겼던가? 해외 판매에 대한 법규는 아직도 애매모호하다. 분명 수출은 수출인데 적은 금액으로 수출을 하다 보니 건별로 수출증명서를 떼지도 못 하고, 그러니 수출증명서도 쉬이 발행할 수가 없다. 한국무역협회 담당자도 이렇게 이야기한다. 자신도 분명 수출인 것을 알지만 그것을 증명해줄 방법이 현재로서는 없다고. 관련 법이 언제 생길지 모른다고. 노련한 사람은 법보다 앞서 있는데 초보자는 법에 갇혀서 한 발짝을 못 뗀다. 새로운 업종이 계속 생겨나고 유행이 되는 것은 너무 깊이 생각하지 않고 일단 가능성부터 실험해본 사람들 덕분일 것이다. 법은 그 뒤를 따라올 뿐이다.

처음엔 이것저것
시도해보라

한국 판매자들은 인터넷 판매 사이트들의 규정을 너무나 모범적으로 잘 듣는다. 앞서 본 중국 판매자들처럼 팔아서는 안 되는 제품도 구멍을 찾아서 어떻게든 '창의적으로' 판매하는 모습과 이렇게 대조적일 수 없다. 강의나 책에서 가르쳐준 대로 장사를 했는데도 수익이 생각만큼 많이 안 날 수도 있다. 그럴 땐 더 공격적으로 이것저것 시도해보아야 한다.

물론 규정도 잘 모르고 섣불리 판매를 시작했다가 문제가 생길 수도 있다. 하지만 초보 판매자가 처음부터 모든 규정을 다 꿸 수는 없는 일이다. 규정을 잘 모른다면 도덕적인 기준이라도 잘 지키면 된다. 명백히 남에게 피해를 주는 일이라면 응당 하지 말아야 한다. 하지만 내 판매로 피해를 보는 사람이 없다면 한번 시도해보아도 괜찮지 않겠는가.

거리의 무허가 노점상들을 보면 여러 가지 생각이 든다. 어떤 사람은 그들이 시장 질서를 어지럽히고 있다고 비판할 것이고, 또 어떤 사람은 그들도 먹고살려고 발버둥치는 것이라고 옹호할 것이다. 그들이라고 번듯한 점포를 꾸려 멋지게 시작하고 싶지 않았겠나. 무일푼에서 시작할 수 있는 방법이 그것밖에 없었던 것이다.

그들은 어떻게든 먹고살아야겠다고 결심을 하고 무작정 거리로 나간 것뿐이다.

시작하기도 전에 있는지도 없는지도 모르는 법 때문에 사람들이 옴짝달싹 못한다. 질서를 위해서 필요한 것이지만 그 규정에 발목이 잡혀 앞으로 나아가지 못하니 안타깝다. 시작하려는 사람들에게 필요한 것은 법과 규정이 아니라 무엇이든 해낼 수 있다는 도전 정신이다. 판매 초기엔 실수를 두려워 말고 뭐든 도전적으로 시도해보시라.

08

투잡은
사장 인턴 기간이다

"미래가 불투명하다면, 삶의 활력이 필요하다면,
투잡으로 먼저 시작해보는 것이 정답이다."

인터넷 판매를 본업으로 시작한 지 얼마 되지 않아 나는 창업 강사라는 투잡을 가지게 되었고, 5년이 지나자 에어비앤비를 주축으로 하는 '숙박업'을 쓰리잡으로 하게 되었다. 직업이 하나씩 늘 때마다 그런 생각이 들었다. '아, 강의 그만하고 판매에만 집중하면 매출을 더 올릴 수 있을 텐데' '이제 판매에 지쳤어. 그만두고 싶다. 날마다 땅이나 보러 다니면서 에어비앤비 운영하고 살 수 없을까?' 하지만 이제는 안다. 나에게 투잡은 숙명임을. 그리고 한 가지 일만 할 때보다 두 가지 이상을 할 때 더 열심히 살게 된다는 것을. 만에 하나 한 가지 일이 곤두박질쳤을 때, 투잡은 그래도 밥줄 끊기지 않고 살아남을 수 있게 해줄 보험이 된다. 평생직장 개념이 없어지고 미래가 불투명할수록, 그리고 새로운 일로 활력을 얻고 싶을수록 하던 일을 무작정 관두고 새로운 것을 찾아 떠나는 대신 투잡으로 먼저 시작해보는 것이 정답이다.

"이 일에 조금 더 몰두하고 싶어요. 다니던 회사를 그만두고 싶어요. 하루 종일 여기만 매달리면 분명 지금보다 훨씬 더 잘할 수 있을 것 같아요." 취미로, 재미로 시작한 쇼핑몰 일을 전업으로 바꾸려는 판매자들이 흔히 하는 말이다. 왠지 회사를 그만두고 '올인'하면 더 많은 수익을 올릴 수 있을 것 같은 생각이, 그렇지 않아도 사표를 낼까 말까 고민하던 마음에 부채질을 하는 것이다. 나는 항상 버틸 수 있을 때까지 투잡의 형태를 고수하라고 조언한다. 배송이 물밀듯 밀려들어 도저히 감당이 안 될 때, 쇼핑몰 사업에서의 수익이 본업을 뛰어넘을 때 비장의 사표를 내면 된다.

투잡에도 수습 기간이
필요하다

회사에 처음 들어가면 일정 기간 동안 수습 기간을 거친다. 회사의 업무와 분위기를 익히는 데 필요한 시간이다. 처음 창업을 해보거나 처음 온라인 쇼핑몰 관련 일을 하게 된다면 반드시 필요한 것도 수습 기간이다. 이 일이 나와 맞는지, 내가 잘할 수 있는지 부딪혀보고 시험해보는 시간이 충분히 필요한 것이다. 돈은 노력한 만큼 정직하게 벌린다는 말을 믿지만, 창업 초반에는 꼭 그렇지도 않다. 당장 전업으로 시간을 투자해도 몇천 원의 시급도 건질 수 없을지도 모른다. 취업 준비를 위해서 일정 기간 수입 없이 공부하고 준비하는 것처럼, 창업도 별다른 수익 없이 투자만 하는 시간이 필요하다. 업종마다 다른 수습 기간을 어떻게 버텨낼지도 모르는데 초반부터 원래 하던 일을 다 내려놓고 '올인'하는 것은 대단한 도전이다.

내가 운영하는 쇼핑몰의 초반 배송 상태는 엉망이었다. 때때로 나는 거래처에서 보내온 지저분한 박스를 그대로 손님에게 발송하는 데 사용하기도 했다. 에어캡을 싸지 않고 보낸 상품이 깨졌다는 손님의 전화를 받고서야 완충제의 필요성을 알았다. 그만큼 판매에 대한 개념도 경험도 없었던 나는 숱한 고객들에게 실수를 하고 "죄송합니다"를 연발하며 장사를 배워갔다. 1만 5,000원짜리 제품을 제대로 못 보내 5만 원짜리 상품을 사은품으로 끼워줘가며 말이다. 이것을 전업으로 했다면 자괴감이 많이 들었을 것이다. '내가 뭐하는 짓인가. 이래서 돈을 벌 수 있을까?'

하지만 '놀면서' 경험 삼아 했던 일이었기 때문에 크게 절망하지 않았다. 그렇다고 대충 일을 한 것은 결코 아니었다. 오히려 그때만큼 온 마음을 다한 적이 없었다. 서툴러도 진심을 전하니 잘못한 것이 있어도 고객이 화를 내거나 짜증을 내지는 않았던 것 같다. 마치 회사에서 인턴 직원이 하는 서툰 일처리에 크게 화를 낼 수 없는 것처럼 말이다. 이렇게 투잡으로 장사를 시작한다면, 그 기간 동안은 인턴 직원의 마음가짐으로 일해야 한다고 생각한다. 큰돈을 벌지는 못하지만, 하나하나의 거래에서 많은 것을 배우고, 경험을 쌓고, 실수를 하고, 내가 한 실수를 책임지고……. 그러다 보면 정직원이 되고 승진도 하게 된다. 물론 내 돈 들여서 하는 일이니 인턴 과정은 짧을수록 좋다. 인턴 생활을 거친 후에 이 일을 내 본업으로 삼을지 말지 그때 결정하면 된다.

투잡을 하니 내 능력의 120%가 나왔다

나는 처음 쇼핑몰을 투잡으로 할 때 이런 생각을 수도 없이 많이 했다. '아침부터 저녁까지 이 일을 전업으로 할 수 있다면 얼마나 더 열심히 할 수 있을까?' 사이트 곳곳에 손봐야 할 곳투성이인데, 자투리 시간을 내어서 주문 상품 발송과 신상품 등록을 겨우 처리하는 처지에 사이트 대형 공사를 할 시간이 없었다. 그런데 본업으로 다니던 회사가 문을 닫아 8개월 만에 회사를 그만두게 됐다. 당황스럽기도 했지만, 한편으로는 홀가분했다. 이제 내 일에만 집중할 수 있게 됐으니 말이다. 하지만 실업 급여를 받으며 편하게 쇼핑몰을 운영할 수 있으리라는 내 예상은 빗나갔다. 마음이 편해지고 시간이 여유로워지니 인터넷 창을 열어 영양가 없는 기사를 읽거나 광고를 따라가며 쓸데없는 쇼핑에 매달리는 시간이 늘었다. 하루종일 딴짓을 하다가 우체국 마치는 시간이 가까워서야 부랴부랴 포장해서 뛰어나가는 날이 많아졌다. 회사를 그만두면 당장 할 것만 같았던 대대적인 사이트 개편과 같은 머리 아픈 작업은 매일 내일로 미루게 됐다. 날마다 혼자서 일하고 혼자서 밥 먹고 하다 보니 사람이 점점 피폐해져 갔다. 매일이 일요일 같았다. 회사 다닐 때 퍽 성실했던 내 모습은 어디로 갔는지…….

　무엇보다 문제는 밤을 새우며 일을 하고 그다음 날 점심시간이 되도록 몸을 일으킬 수 없었다는 것이다. 본래 아침잠이 많아 새벽형 인간은 못 되었지만, 회사 다닐 때는 의무감으로 어떻게든 시간 맞춰 일어나 정시에 출근했다. 하지만 회사를 그만두니 하루 8시간은 기본이고 9시간, 때로는 10시간씩 푹 잠을 자게 된 것이다. 그러니 밤에 잠이 안 와서 TV를 밤새 시청하다가 동이 트는 것을 확인하고 잠들고 느지막이 일어나는 날이 이어졌다. 낮과 밤이 완전히 바뀌어버렸다. 큰돈은 벌지 못했지만 먹고살 만한 정도가 되니까 더 열심히 해야겠다는 생각도 사라졌다. 쇼핑몰 일이 부업이었을 때는 틈만 나면 사이트에 접속해서 살펴보곤 했는데, 이 일로 먹고살아야 한다고 생각하니 의무감이 생겨 흥미가 떨어졌다. 내가 시도했던 모든 투잡은 보통 재미로 시작했다. 투잡일 땐 재미나고 신나서 자꾸 생각하고 들여다보게 되다가, 막상 본업이 되어 100%를 쏟아부을 때가 오니까 청개구리처럼 마음이 느슨해져버렸다. 정신 차리기 전까지 수개월 간 정체기가 이어졌다. 실업급여 수급이 끝나고 다음 달 월세 걱정이 들 때가 되어서야 비정상적인 생활을 끝내야겠다는 결심을 할 수 있었다.

투잡을 할 때는 가능했던 일들이 왜 전력을 쏟을 환경이 됐는데도 힘들어졌을까. 지금 생각해보면 그 이유는 본업과 부업을 대하는 마음가짐의 차이에 있었다. 본업은 돈이라는 목적이 우선이다 보니 책임감이 크지만, 부업은 용돈벌이의 느낌으로 대하다 보니 좀 더 가볍고 편하게 접근하게 된다. 내가 시작한 부업의 경우 대부분 재미있어서 시작했기 때문에 본업에서 받는 스트레스를 부업에서 풀 수 있었고, 그러자 두 일 사이에 시너지가 발생해 삶의 활기도 생기고 본래 가진 것보다 더 많은 에너지를 발휘할 수 있었다. 그런 상황에서 본업이 사라지니 에너지가 오히려 확 줄어들어버린 것이다.

전업으로 해서 대박을 낼 수 있을 것 같으면, 투잡 상태에서도 가능하다. 투잡으로 대박을 낸 후에 회사를 그만둬도 늦지 않다. 사표를 내고 싶은 것이 본심이고, 투잡을 빌미로 일을 그만둘 핑 곗거리를 찾고 있는 것은 아닌지 생각해봐야 한다. 직장을 다니면 서 투잡으로 판매를 시작해서 원래의 월급에 100만 원이 더해진 다면 꽤 큰 보너스가 되겠지만, 월 수입 100만 원이 전부라면 버틸 수 있을까? 게다가 그동안 비용으로 생각하지 않던 밥값, 비품비, 전기세 등도 내가 다 해결해야 한다. 다니던 직장을 그만두고 일을 해보면 자질구레하게 돈 들어가는 곳도 상당히 많다. 회사를 그만 둘 시기를 보고 있다면 조금 더 악바리처럼 버틴 다음에 도무지 투 잡 때문에 본업을 영위할 수 없을 만큼 일이 커졌을 때 갈아타도 늦지 않다.

09

당신이 투잡에
실패하는 진짜 이유

"금방 타올랐다 꺼지는 불같은 열정이 아니라
매일매일 들여다보는 꾸준함이 필요하다."

흔히 인생을 야구에 비교하곤 한다. 몇 번의 아웃 끝에 힘겹게 안
타를 하나 치고도 1루, 2루, 3루를 지나 홈까지 세이프가 되어야
겨우 1점을 얻는다. 때론 한 방의 홈런으로 점수를 쉽게 내는 것처
럼 보여도 계속 긴장을 풀지 않으면 다음 타순에서 방망이 한 번
휘둘러보지 못하고 아웃을 당할 수도 있다. 이것은 공부도, 취업도,
창업에도 적용된다. 첫 술에 배부르기가 쉽지 않다. 모든 일에는
뼈아픈 노력과 만반의 준비가 필요하다.

투잡도 마찬가지다. 본업만큼 치열하게 할 수는 없을지라도 명색이 직업이니 어느 정도의 노력과 꾸준함이 들어가야 하는 것은 당연하다. 하지만 사람들은 큰맘 먹고 열정적으로 부업을 시작해놓고도 막상 투잡까지 온 힘을 쏟아부을 수 없다는 생각 때문에, 혹은 적은 시간을 들여 한 방에 큰돈을 벌고 싶다는 허황된 기대 때문에, 혹은 쉬엄쉬엄 할 수 있을 거라는 편한 마음가짐 때문에, 혹은 겨우 출루 한 번 했을 뿐인데 빨리 점수를 내고 싶다는 급한 마음 때문에 실패하고 만다. 그래놓고는 괜히 투잡은 아무나 하는 것이 아니라며 투덜거린다.

일은 엉덩이로
하는 것

투잡 도전자들에게 필요한 것은 금방 타올랐다 꺼지는 불같은 열정보다는 매일매일 들여다보는 꾸준함이다. 블로그든 스톡 사진이든 굳센 각오로 시작한 후 얼마 가지 않아 하루에 로그인 한 번 하지 않는다면 투잡으로 절대 자리를 잡을 수 없다. 특히 인터넷을 기반으로 하는 직업을 생각하고 있다면, 하루에 하나는 뭐라도 해줘야 한다. 매일 수십, 수백 만 개의 'NEW' 콘텐츠가 올라오는데 지난 주 올려놓았던 나의 콘텐츠는 뒤로 밀릴 수밖에 없다. 이를 위해서 최소한 몇 개월에서 일 년은 꾸준히 바탕작업을 해야 한다. 이를 스마트폰을 손에 쥐고 있는 짧은 시간을 활용해보자. 지하철에서든, 잠들기 전이든 한 번 이상 접속해 다른 사람은 어떻게 하고 있나 들여다보는 것만이라도 한다면, 앞으로 무엇을 어떻게 할 것인가에 대한 대책을 세울 수 있다. 그러다 보면 자연스레 아이디어가 떠오르고 내 사업을 손볼 생각을 하게 된다.

강의에서 만나는 창업 희망자들을 보면 일주일에 한두 번 하는 강의 시간에만 집중하는 사람들이 있다. 예습, 복습은 차치하고 숙제도 안 해온다. 그래도 수업에 참여는 했으니 뭐라도 하나 배웠겠지 하며 출석하는 데 위안을 받는다. 일주일 동안 영어 생각은 한 번도 안 한 채, 일주일에 한 번 영어 수업 듣는다고 입이 트일까. 이렇게 해서는 아무 소용이 없다. 진짜 게임은 수업이 끝난 그때부터 시작된다. 창업 강의는 강의를 듣는 순간 이미 지난 것이 된다. 당장 다음 달이 되면 사이트의 규정이 바뀌고 유행 아이템이 바뀐다.

편의점 아르바이트나 대리운전과 같은 월급을 받는 '수동적 투잡'은 누군가와 약속이 되어 있고, 섣불리 펑크를 낼 수 없기 때문에 최소한의 꾸준함이 유지된다. 하지만 혼자 하는 투잡은 스스로 채찍질을 하지 않으면 한 발씩 앞으로 나가는 것이 쉽지 않다. 내 투잡의 성공 비법 중 하나는 재미로 꾸준함을 이어간 것이다. 본래 취미가 더 치열하다. 일보다 더 열심히 들여다보게 되고, 꿈에서도 몰두하게 한다.

많은 면에서 창업과 글쓰기는 닮았다. 둘 다 엉덩이로 해야 하는 작업이다. 영감이 떠오르지 않는다는 '감感 타령'을 하거나 죽이는 아이템이나 아이디어가 없다며 누워서 감 떨어지기를 기다리면 평생 아무것도 못한다. 글을 잘 쓰는 사람은 수많은 독서와 사색으로 그 감을 만들어냈으며, 훌륭한 창업가는 탐색과 연구로 아이디어와 아이템을 발굴해내고 그것을 시장에 녹여내기 위해 고군분투했다. 하고자 하는 사람은 방법을 찾고, 그렇지 않은 자는 핑계를 찾는다. 본업만큼은 팍팍하지 않더라도 투잡에도 끈기 있는 노력이 반드시 필요하다. 시작은 미미하더라도 매일매일 하는 힘이 있어야 한다. 그래야 큰 꿈을 이룰 수 있다.

당신도 하고 싶습니까, 창업?

- 당신은 어떤 창업을 하고 싶은가요?

- 오랫동안 생각해왔던 일인가요?

- 이렇게 되고 싶다 하는 롤모델이 있나요?

- 어떻게 노력하면 롤모델만큼 할 수 있겠다, 혹은 롤모델보다 잘할 수 있겠다는 생각이 드나요?

- 옆집과는 다르게 차별화를 줄 수 있는 나만의 노하우가 있나요?

- 하루 종일, 한 달 내내, 일 년 내내 해도 견딜 수 있는 일인가요?

- 밤낮 가리지 않고 이 일만 생각하고 항상 이 일에 집중할 수 있나요?

- 거창하게 시작하는 대신 실속 있게, 투자보단 노력을 해서 시작할 자신 있나요?

이 모든 질문에 예라고 답할 수 있다면, 당장 시작해보세요! 새로운 한 해는 마음속에 있는 꿈틀거리는 창업의 꿈을 위해서만 매달려보는 겁니다. 커피숍을 차리고 싶지만 자본이 없다면, 내가 만들고 싶은 커피숍을 상상하며 SNS부터 먼저 개설해 연습 삼아 놀아보세요. 인터넷 공간을 도화지 삼아 내 머릿속에 있던 창업의 실마리를 선명하게 그려보세요. 머릿속에서만 그리고 있는 것과 손으로 그린 것의 차이는 큽니다. 기회를 만드는 것도, 시작하는 시기를 정하는 것도 모두 스스로 하는 겁니다. 작은 행동 하나로 내 인생이 달라질 수도 있습니다.

4부

온전히 나답게
살기 위한
인생 공부

01

나를 일으켜 세운
300권의 책

"초반에 책을 많이 읽어 놓으니
지나가는 바람에 결코 흔들리지 않았다."

책으로 배우는 것보다 실전이 진짜라고 믿는 사람들에게 이야기 해주고 싶다. 무엇이 됐든 이론과 실전이 결합하면 무서운 것이 세상에 없는 거라고. 나는 쇼핑몰을 준비하며 300권의 책을 읽었다. 이렇게 많이 읽은 줄 몰랐는데, 후에 도서관 대출 기록을 세어보니 그만큼이나 되었다. 나는 책에서 끊임없이 동기 부여를 받았고, 책 덕분에 쉼 없이 달렸다. 지금도 나태해질 것 같으면 책을 꺼내든 다. 한번이라도 불같이 달려본 적 있는 사람의 이야기를 읽으면 주인공에 몰입해 나를 벌떡벌떡 일으켜 세우게 된다. 쇼핑몰 운영 초반에 내가 감동을 받았던 책들은 단연 쇼핑몰 운영을 성공적으로 했던 선배들의 경험담이었다. 쇼핑몰 기술서들은 한 번 보고 따라 하면 그만이었지만 에피소드와 CEO의 결심이 가득한 이 알토란 같은 책들은 일이 지겹거나 열정이 떨어지려 할 때마다 내가 포기하지 않고 일을 지탱할 수 있도록 도와주었다.

책을 읽을 때는 정독 대신 다독을 한다. 좋은 책은 띄엄띄엄 읽으려고 해도 꼼꼼히 다 읽기 마련이고, 어차피 머리에 안 들어오는 부분은 꾸역꾸역 읽어봤자 남지도 않는다. 그래서 필요한 부분만 가려 많이 읽는다. 책 한 권에서 한 구절이라도 내 마음속에 남았으면 그걸로 된 거다. 책 한 권을 집어서 무던히 끝까지 한 번에 보는 일도 거의 없다. 아이디어가 떠오르면 그 자리에서 손에 집히는 수첩, 영수증 조각을 가리지 않고 빼곡히 뭔가를 끄적였고 저자가 툭 뱉고 지나간 한 마디라도 궁금한 것은 인터넷 검색으로 찾고 말았기 때문이다. 그러다 보면 검색이 꼬리에 꼬리를 물어 지식 탐험의 무아지경에 빠지는 일이 비일비재했고, 새로운 사이트라도 알게 되면 당장 컴퓨터를 켜고 들어가서 세세하게 둘러보느라 시간을 한정 없이 지체했다.

도서관에서 빌려 읽은 다음 소장할 가치가 있는 책은 그제야 구매해서 읽고 또 읽는다. 그러면 책값에 대한 부담 때문에 책을 덜

보는 일이 없고, 불필요한 책들로 짐을 늘리는 일도 없어진다. 대신 내 마음에 쏙 들고, 나와 통하는 책은 늘 곁에 둔다. 언제 꺼내서 어떤 구절을 읽더라도 또 다른 감동을 받고 내게 새로운 동력을 불어넣어준다. 그러니 내가 쉴 수가 없다. 그 많은 위대한 저자들이 젊음을 불태우며 열심히 하라고 말하니, 어찌 시간을 허투루 쓸 수 있겠는가!

한 가지 킥을
만 번 연습한 사람

나는 책벌레다. 언제나 10권 정도의 책을 온 집에 늘어놓고 다닌다. 책을 고루고루 읽기보다는 책 편식이 심한 편이다. 여행에 푹 빠져 있을 때는 여행책을, 글쓰기에 푹 빠져 있을 때에는 글쓰기책에 몰두한다. 1,000만 원의 월 수익이 절실할 때는 빌려온 책이 모두 1,000만 원 수익과 관련된 책이었고, 블로그 마케팅을 해봐야겠다고 마음먹었을 때는 블로그 관련 책을 이 잡듯이 뒤졌다. 이소룡도 만 가지의 킥을 차는 사람은 두렵지 않으나 한 가지 킥을 만 번 연습한 사람은 두렵다고 했다. 이렇게 병적으로 읽었던 책들은 일하는 데 적지 않은 도움이 되었다.

인문학 책을 읽어야 할 텐데 뭘 읽어야 할지 고민하지 않았다.

내가 필요하면 나도 모르게 책에 손이 갔다. 중국어를 잊어가고 있는데 HSK 책은 보기 싫었다. 마침 인문학이 유행할 때라 자연스럽게 나와 가장 연관성이 있어 보이는 인문 책인 《손자병법》과 《사기》를 집어 들었다. 그렇지 않고 누구나 다 읽는다니까 펴본 《논어》나 《탈무드》 같은 책은 머릿속에 들어가지 않을뿐더러 연애 소설보다도 남는 것이 없었다.

어릴 때 읽은 책이 평생 자산이 된다는 말은 맞는 말이다. 그때 책을 읽으며 정립된 개념이나 가치관은 커서도 오래오래 영향을 미치기 때문이다. 마찬가지로, 새로운 일을 도전하면서 그 일과 관련된 책을 초반에 읽어놓으면 많은 도움이 된다. 전체적인 일의 개념과 그 일에 대한 철학을 세울 수 있기 때문이다. 그러면 내 안에 중심이 잡혀 지나가는 바람에도 쉬이 흔들리지 않는다. 자고로 책 안에 답이 있다. 내가 읽은 책에서는 모두 초반에는 돈을 많이 투자하지 말고 시간을 많이 투자할 것, 수익을 꼼꼼하게 따지고 야무지게 돈을 잘 모을 것을 강조했다. 그 가르침이 머릿속에 남아 있었던지 나는 꼭 그대로 따라하고 있다. 하지만 인터넷을 돌아다녀 보거나 사람들을 만나보면 누구는 광고를 얼마 했다더라, 사입을 많이 해서 가격을 낮췄다더라는 자극적인 이야기가 성행한다. 그 누구도 검증해줄 수 없는 이야기들이다. 어느 책에서도 그런 이야기를 본 적이 없다.

대한민국 성인 10명 중 3명이 일년에 책 한 권을 읽지 않는다고 한다. 직장인의 일 년 평균 독서 권수도 9.8권밖에 되지 않는다고 한다. 이런 기회가 없다. 모든 사람들이 다 책을 읽고 똑똑해지면 나의 똑똑함은 소용없다. 남들 안 할 때 틈새를 파고들어야 성공한다. 모든 일에는 지름길을 찾는 대신 기본기를 충실히 하는 자가 오랫동안 살아남는다.

오래된 불변의 진실, 책 속에 길이 있다.

책이 만든 내 삶의 변화들

《부자 아빠 가난한 아빠》

돈이 내 지갑에서 다른 사람 지갑으로 흘러간다고 하니, 감히 돈을 쓸 수가 없겠다. 소비하지 말고 투자해야지.

《오케이아웃도어닷컴에 오케이는 없다》

싼 거 깎으려고 하지 말고 비싼 것을 깎아라. 대량으로 사입할 때 깎아야 진짜 깎는 거다.

《육일약국 갑시다》

나도 성질 좀 죽이고 고객에게 이렇게 진심으로 대해야겠다.

《10미터만 더 뛰어봐》

자기 제품에 이토록 확신을 가지고 이렇게 미친 듯이 팔면 되는구나!

《백만 불짜리 가슴》

상품 가격을 정할 때 원가를 생각하지 않고 내 마음속으로 가격을 매긴 후 내가 고객이어도 이 가격이 괜찮겠다 싶으면 판다니! 철저히 고객 중심 아닌가.

《블루오션 전략》

우리나라 사람들은 사람들이 많이 하는 것, 보편적인 것을 하는 걸 좋아하는데 이 책을 읽어보니 특이한 것이 틈새시장이 되겠구나. 용기를 가지고 무술용품을 팔아봐야겠다!

《누가 내 치즈를 옮겼을까》

어지간한 매출에 만족스러워질 때쯤이면 이 책을 집어 든다. 이 상황에서 가만히 앉아 빨대 꽂아서 단물만 빨아먹으려고 하다가는 누가 내 치즈를 옮겨갈지도 몰라.

《갑부》

졸부는 푼돈을 무시하지만 갑부는 푼돈도 챙긴다고? 나도 푼돈 잘 챙기면 갑부 되는 거야?

《10억짜리 홍보비법》

마케팅에 돈부터 들이는 미련한 짓은 하지 말아야지. SNS 홍보를 손쉽게 돈으로 해결하려 하지 말고 하나하나 내 손으로 공을 들여야겠다!

《7막 7장》

영어 공부할 때 하루에 150~200단어를 외웠다고? 중국어 공부하던 시절, 이 책 따라 하루에 100단어씩 외우느라 피똥 쌀 뻔했다.

《그러니까 당신도 살아》

사시 공부를 하는데도 잠을 8시간이나 자도 되는구나. 대신 깨어 있을 때, 공부한 내용을 녹음을 해서 계속 반복해 들을 정도로 온 신경을 집중하면 되는구나.

독학이
최고의 스승이다

"우리는 질문의 답을 이미 알고 있다.
다만, 스스로 선택할 힘이 부족할 뿐이다."

창업 강사인 나는 정작 쇼핑몰 창업 관련 정규 강의를 한 번도 듣지 않고 쇼핑몰을 차렸다. 강의에서는 기능적인 부분만 배울 뿐 장사를 배우는 것이 아니라는 생각이 들었다. 기능적인 것은 도서관에서 빌리는 책에 다 있지 않는가. 게다가 요즘에는 컴퓨터 화면을 그대로 캡쳐해놓은 '따라하기' 책이 많이 있다. 그런 책들을 참고해 쇼핑몰을 하나씩 꾸몄다. 쇼핑몰이 자리 잡기 전에 쇼핑몰 꾸미기, 오픈마켓 입점하기, 상품 페이지 사진 찍기, 쇼핑몰 포토샵, 블로그

마케팅 등의 책을 보며 많은 도움을 받았다. 연애도 책을 보고 팁을 얻는 마당에 창업을 하며 책을 읽으면 얼마나 유용하겠는가.

방대한 책을 보고 책마다의 장점을 짜깁기해 내 사이트를 만들어갔다. 어려운 부분은 과감히 넘어갔다. 독학할 때의 중요한 포인트는 모르는 것은 일단 넘어가는 것이다. 내가 아는 것만 해보고 어려운 부분은 모아놓았다가 나중에 한다. 막혀 있는 부분에서 끙끙대다 보면 아예 앞으로 나가지를 못한다. 독학을 하면 많은 시간과 비용을 절약할 수 있다. 혼자 헤매는 시간을 줄이기 위해서 학원을 찾는다지만 매일 통학하는 시간도 만만찮다. 그리고 수업 참석에만 의의를 두고 수업 외 시간에는 정체돼 있다면 절대 효과 못본다.

다시는 강의장에 오지 마세요

강의가 끝나고 나면 항상 이렇게 이야기를 한다. "이제 여러분에게 필요한 것은 다 들었으니 다시는 강의실에 오지 마세요. 강의실 왔다 갔다 하는 그 시간에 상품 하나 더 올리는 것이 훨씬 효율적입니다. 궁금한 게 있으면 책과 인터넷을 참고하세요. 정답은 모두 여러분 마음속에 이미 있습니다."

내가 창업을 하며 한 계단씩 발전하게 된 계기는, 내가 아직 초보라고 생각하며 여러 멘토들을 찾아다니며 이것저것 물어보다가 결국 답을 줄 수 있는 사람은 아무도 없다는 것을 깨달았을 때다. 우리의 학교 교육은 선생은 가르침을 주입시키고 학생은 가르침에 따라 정답을 골라내는 것을 미덕으로 여겼다. 하지만 창업을 하며 누군가에게 가르침을 받아야 하고 스스로 답을 찾지 못한다면, 엄마 품을 벗어나지 못하고 오늘은 뭘 먹을지, 뭘 입을지, 어떤 친구를 사귀어야 할지를 엄마에게 매번 물어보는 마마보이와 같다.

질문이 끝없이 이어지는 수강생이 있다. "제가 새로운 상품 A와 B를 올리려고 하는데, 어떤 걸 올리는 것이 나을까요?" 이것은 "사과와 귤을 샀는데 어떤 걸 먹을까요?" 하고 질문하는 것과 같다. 그냥 둘 다 올리면 된다. 그러고 나서 이렇게도 해보고 저렇게도 해보면 된다. 사실 우리 모두는 질문의 답을 알고 있다. 다만, 스스로 선택할 힘이 부족할 뿐이다.

'창업創業' 아니던가. 배우고 그대로 실천한다고 절대로 완성할 수 없는 것이 창업이다. 끊임없이 새로운 것을 생각해내고 창조해내야 하는 것이 창업이다. 부모님에게서 벗어나 처음 독립을 하게 되면 나만의 공간을 어떻게 꾸밀지 들떠서 고민한다. 다른 사람의 인테리어를 참고하지만 똑같이 따라하는 사람은 없다. 집 구조상

똑같이 따라하기도 힘들다.

마찬가지로 창업이라는 것도 정해진 것은 없다. 소파를 어디다 놓고 TV를 어디다 놓을지 모두 내 마음대로 하되, 예산에 맞게 구입해야 하고 동선이 꼬이지 않아야 하고 일관성이 있어 보기 좋은 인테리어를 해야 하는 것이다. 내가 '원하는 대로' 하면 된다. 어느 정도의 제약이 있겠지만 그 제약에 너무 신경 쓸 필요는 없다. 보통 사업을 하면 얼마의 마진이 남고 한 달에 얼마를 버는가 하는 질문에 대한 답을 해야 할 때가 가장 고민된다. 물론 참고만 하려고 한다는 것은 안다. 그렇지만 사람마다 노력의 양과 질, 비법은 천차만별이고, 내가 해야 할 노력과 방법 역시 다르다. 그것을 염두에 두고 탐색을 해야 답을 찾는 데 도움을 받을 수 있다.

선생님보다 책의 저자가
더 똑똑해

주입식 교육 덕분에 우리는 스스로 학습하는 능력을 상실하게 되었다. 나는 꽤 공부를 열심히 했지만, 1등을 해본 적이 없다. 아무리 집중을 해도 내가 왜 이 공부를 해야 하는지 고민하느라 시간을 다 보냈다. 어느 날 입시학원 영어 선생님이 그러셨다. 교재를 쓴 저자가 선생님보다 더 똑똑한 사람이니까 선생님 강의 듣지 말고 능력 되면 혼자 책 보고 공부하라고. 머리가 뻥 뚫리는 느낌이었다.

그 길로 학원을 그만두고 독학에 매달렸다. 저자에게 강의를 듣는 듯 목소리를 상상하며 공부했다. 강의를 한다면 미처 말로 다 못했을 말을 책에다 꼼꼼하게 설명해놓았을 거라는 생각을 하자 문제풀이와 해설집이 머리에 쏙쏙 들어왔다. 이렇게 학습서와 참고서만 열심히 보았으면 공부로 효도했을 텐데, 그러기엔 세상에 재미난 책이 너무 많고 궁금한 책이 너무 많았다. 이때부터 책에 대한 무한한 애정이 생겼다. 책만 한 스승이 없었다. 어쨌든 그때부터 지금의 독학하는 힘을 기를 수 있었으니, 그 선생님이야말로 내가 이제까지 만났던 중 최고의 선생님이라고 할 수 있겠다.

세무 역시 혼자 진을 빼며 공부했다. 세무는 정말 어려웠다. 공식은 있는데 답이 없는 느낌이었다. 너무 답답해서 세무사 1차 시험책까지 들춰보았다. 간이사업자인 내가 일 년에 100만 원씩 내고 세무사 사무실에 의뢰하기가 아까웠다. 그리고 평생 세무 관련 일을 처리해야 하는데 나중에 세무사를 쓰더라도 내가 기본 지식은 갖고 있어야 한다고 생각했다.

부가세 신고 기간이 되자 발등에 불이 떨어졌다. '경리들의 모임'과 같은 카페에 가입을 하고, 인터넷 서점에서 쇼핑몰 세무 관련된 책을 검색해 다 읽었다. 개념부터 깊이 있는 이해를 하려면 책을 읽어야 하고, 최신 동향을 알려면 인터넷을 찾아봐야 한다. 홈택스로 신고를 해보니 간이사업자의 부가가치세 신고는 생각 외로 간단했다. 알고 나면 간단한데 혼자 페이지마다 뒤적여가며 모든 탭을 다 눌러보자니 시간이 꽤 오래 걸렸다. 신고를 마무리하기 전, 이것이 맞는 건지 아닌지를 확인할 방법이 없어서 고민을 많이 했는데, 세무서의 무료 상담 서비스와 사업자 카드를 등록한 사이트에서 제공하는 세무주치의 서비스의 도움을 톡톡히 받았다. 특히 친절한 블로거들이 화면을 일일이 캡쳐해가며 설명해준 덕을 많이 봤다. 이제는 부가세 신고는 물론 소득세, 법인세 신고까지 혼자 척척 할 수 있게 되었다.

너무 많은 것을 다 혼자 하려고 하는 게 아니냐고? 맞다. 하지만 공부해서 남 주지 않는다. 공부해놓은 것은 두고두고 자산으로 쓰인다. 그냥 세무사에 맡기는 것과 내가 세부사항을 알고 세무사에 맡기는 것은 천지차이다. 절세하는 자료를 모으는 것도 내가 주도해야 가능하다. 일을 해보니 돈 주고 외주를 맡겨도 들어간 비용만큼 모든 사람들이 내 마음처럼 열심히 일을 해주지 않았다. 편하게, 손 덜 가게 일하는 것을 최선으로 여기는 전문가도 있었다. 내가 모르면 바가지를 쓰게 된다.

무조건 다 외주에 맡기는 것보다 먼저 스스로 부딪혀볼 필요가 있다. 그래야 사업을 접었을 때 돈과 사람 외에도 남는 것이 있다.

유치원부터 대학까지 무려 15년씩이나, 혹은 그보다 더 많은 교육을 받았음에도 언제까지 스승만 찾고 다닐 수는 없다. 우리는 이미 너무 많은 것을 알고 있고, 이미 너무나 훌륭하다. 이 능력을 십분 발휘해서 독학하는 습관을 들여야 한다. 충분히 할 수 있다!

산 중턱까지는
힘차게 달려라

("스스로의 힘이든 남이 시켜서든 중턱까지 올라가면,
아까워서 쉽게 못 내려간다.")

웬만한 의지 없이 한두 번 특강을 듣고 창업을 뚝딱뚝딱 해내기는 벅찬 일이다. 그래서 내 강의는 보통 숙제도 많고 잔소리도 많다. 특히 창업 강의를 할 때 나는 창업 초반에 자신이 가진 모든 에너지를 '올인'할 것을 강력하게 주문한다. 창업 초반에 뭐 그리 할 일이 그렇게 많을까 싶겠지만, 상품을 처음 시장에 내놓는 초반에 미친 듯이 달려야 1년 농사가 쉬워진다. 그래서 나는 처음 두 달 동안은 죽었다 생각하고 잠도 자지 말라고 이야기한다. 수업이 끝날

때면 집에 잘 들어가라는 말 대신 지하철에서 멍하니 있지 말고 상품 검색이라도 하라고 하고, 주말에는 놀러 가지 말고 집에서 새로운 상품 리스팅listing하라고 하고, 날씨가 추우면 밖에 나가지 말고 리스팅, 비가 오면 집에서 차 한 잔 마시며 리스팅하라고 한다. 진짜 창업을 하고 싶어 하는 사람들은 오히려 더 채찍질 해달라며 이런 분위기를 반기지만, 가벼운 마음으로 온 사람들은 대부분 당황해하며 돌아간다. 하지만 수강생 계정을 일일이 체크하고 다음 주까지 상품 몇 개 더 올리자는 숙제 아닌 약속을 하고 돌아가면 다음 주까지 안 해올 수가 없게 된다.

사람들은 뭔가를 해봐야지 하고 마음을 먹더라도 그 생각이 실행까지 이어지기가 쉽지 않다. 수업을 들으러 오는 사람들 대다수가 직장인이나 학생인데, 이들은 조금만 방심하면 처음의 열정은 온데간데없고 흐지부지하게 된다. 강의 시간 동안 반짝 가슴에 불이 일었다가도 늦은 시간까지 강의 듣고 집에 돌아가면 피곤하니까 잠이 들게 되고 그다음 날 출근하고 학교 가고 나면 어제의 감동과 결심은 잊어버린다. 그리고 그다음 강의 시간이 다가와서야 발등에 불 떨어진 듯 사이트를 한 번 들여다본다. 그래도 강의를 들으러 오기라도 했으니, 내 역할은 그 열정이 조금이라도 남아 있을 때 확실히 잡아주는 것이리라. 그래서 숙제도 내고 잔소리도 많이 한다.

산에 올라가는 것은 누구나 다 힘들다. 높은 산일수록 그렇다. 초반에 지지부진하게 산 밑에서 발걸음질만 하고 있으면 '저 산 굳이 안 올라도 되잖아' 하고 집에 가서 누워서 TV 보고 싶은 생각이 굴뚝같이 든다. 하지만 초반에 머리를 비우고 스스로의 힘으로든 남이 시켜서든 눈 감고 산 중턱까지 올라가 놓으면 올라온 것이 아까워서 도무지 쉽게 못 내려간다. 마찬가지로 일단 상품을 올리기 시작하면 중간에 손 놓는 경우는 드물다. 내 손에 얼마가 남든 주문이 지속적으로 들어오면 관심이 올라가기 마련이다. 그래서 첫 판매가 중요한데, 어떤 사람은 1주일이 걸리기도 하고, 어떤 사람은 3개월이 걸리기도 하고, 어떤 사람은 영영 판매를 못 하기도 한다. 이런 결과의 차이는 첫 단추를 어떻게 꿰느냐에 있다. 초반에 전력 질주 해놓은 사람들은 올려놓은 상품이 많고 상품을 팔기 위한 마케팅을 어떤 식으로든 했으니 첫 매출이 빨리 나오고, 매출이 나오니 시작하면 그만두고 싶어도 그만둘 수 없다. 달콤한 열매를 하나 먹어봤으니까 그 맛을 알고 계속해서 덤비는 것이다. 그래서 초반에 2시간씩 자면서 코피 터지게 노력하는 사람들 중에서 성공하는 사람이 많은 것이다.

사람들은 처음에 도대체 얼마나 열심히 해야 하는지 모른다. 온라인 판매는 산골짜기에 상점을 오픈하는 것과 같다. 초반에 상품을 많이 올려놓고 다양한 방식으로 알려가며 모객을 하지 않으면 금세 다른 사람이 올린 새로운 상품에 묻혀버리고 만다. 그래서 잠자는 시간을 줄여서라도 초반에는 물리적인 시간을 많이 들여야 한다. 결과와는 별개로 한없이 열심히 해보고 나면 성취감도 크다. 그리고 이렇게 열심히 하는데 결과가 안 좋을 수가 없다.

잠자는 동안 경쟁자들의
신상품은 등록되고 있다

나는 '잠만보'다. 밥은 굶어도 참을 수 있지만 잠은 못 이긴다. 학생 시절, 내가 잠잘 동안 적들의 책장은 넘어가고 있다는 말을 들었을 때도 아무 감흥이 없었다. 적들의 책장이 넘어가든 말든 나는 공부가 재미없었기 때문에 그건 그냥 남 이야기였다. 그런데 지금은 얘기가 다르다.

성공한 쇼핑몰 운영자들의 수기를 읽어보니 많은 사장님들이 하루에 2시간씩 자며 밤에는 동대문 시장을 돌고 낮에는 배송 업무를 했다는 것이다. 약속이라도 한 듯 하루에 잠 2시간! 왠지 이 숫자가 매력적으로 보였다. 밤새 공부하는 것은 자신 없었지만, 밤새 일하는 커리어 우먼의 모습은 멋져 보였다. 사람들은 이런 말을 한다. "내가 학교 다닐 때 지금 일하는 것처럼 열심히 공부를 했다면, 서울대는 충분히 들어갔을 텐데……." 하지만 본인이 공부를 할 운명이었고 서울대에 대한 미련이 있었더라면 왜 안 했겠는가. 그때로 돌아간다고 과연 그만큼 열심히 공부를 할까? 나는 잠을 줄여 공부하며 서울대 가는 것은 실패했지만, 잠을 줄여 일을 하며 쇼핑몰로 먹고살 수 있게 되었다. 사람에게는 각자의 그릇이 있는 것 같다.

그렇다고 내가 하는 일도 없는데 잠을 참아가며 2시간만 자야지 한 것은 아니었다. 실제로 일을 해보니 해야 할 일이 꽤 많았고, 무엇보다 재미있어서 손을 뗄 수가 없었다. 쇼핑몰을 만들어보니 상세 설명이 부족한 것 같고, 이벤트도 있어야 할 것 같았다. 요리조리 만들고 고치고 떼어내고 붙이고 하다 보니 금세 동이 텄다. 특히 이베이의 경우 전 세계를 대상으로 하는 마켓이다 보니 24시간 내내 경쟁자들의 상품이 등록되고 있고, 새로운 상품이 올라오면 내 상품의 노출은 밀리게 된다. 마음이 조급해지자 잠이 오지 않았다. 전 세계의 낮과 경쟁하기 위해 나의 밤과 낮을 모두 불태웠다. 쪽잠을 자고 있으면 해외에서 주문이 들어오지 않았을까 해서 놀라 일어나 확인했다. 주문이 들어오면 기뻐서 잠이 안 오고, 주문이 안 들어오면 판매 현황 페이지를 새로 고침 하느라, 그리고 내 상품이 노출이 잘 되고 있나 검색하느라 잠들지 못했다. 주로 지하철이나 버스를 이용하면서 부족한 잠을 채웠는데, 신기하게 한 번도 잠 때문에 도착역을 지나친 적이 없었고, 내리기 한두 정거장

전에 꼭 눈이 뜨였다. 돌이켜보면 제대로 긴장을 하고 살았던 것 같다.

한번은 모든 것을 다 걸고 달려야 한다

많은 사람들이 〈무한도전〉에 나온 '말하는 대로'라는 음악에 공감했다. 내가 생각하는 이 노래의 하이라이트는 바로 여기다. "사실은 한 번도 미친 듯 그렇게 달려든 적이 없었다는 것을 생각해봤지." 내일 뭐할까 고민만 했지 아직 내가 할 수 있는 일에 최선을 다하지 않았다는 것을 깨달은 것이다. 미친 듯 달려야 한다는 깨달음이 있으면 고민 대신 뭐라도 열심히 하게 된다. 미치기 시작하면 고민할 틈도 없다. 그러면 말하는 대로 안 되기도 힘들다. 최소한 초반에, 자리 잡히기 전까지, 먹고살 만한 매출이 나오기 전까지는 미친 척 속도를 내봐야 하는 것이다.

자격증 공부를 3년 정도 바라보고 공부하는 사람 치고 3년 후에 딴 사람을 본 적 없다. 올해는 꼭 붙어야지 하고 세부적인 계획을 세워야 못 해도 3년 후에 붙는다. '인터넷으로 판매 한 번 해봐야지, 한 3년 동안 느긋하게!'라고 생각해서는 3년이 아니라 10년을 해도 제자리걸음밖에 안 된다. 초반에 한 번은 모든 것을 다 걸고 달려들어 봐야 한다. 인생에 이렇게 미친 듯 내달릴 수 있는 기회가 몇 번 오지 않는다. 그 기회를 잡아서 2시간 쪽잠 자며 달려드는 사람이 목표를 달성한다. 잘되는 사람들에게 물어보면 누구나 한 번은 이런 시기가 있었다. 그런 사람들을 경쟁자로 두고 여유 부리며 편하게 일해서 어떻게 이길 수 있단 말인가.

시간으로 돈을 살 것인가,
돈으로 시간을 살 것인가

"한 번 돈을 정복하면 인생의 주도권을
내가 아닌 돈에 빼앗길 리 없다."

돈에 짠순이인 나는 시간에도 짠순이다. 둘 사이의 우위를 가리라면 시간이 우선인 것 같다. 초등학교 때부터 지금까지 차를 타고 이동을 해본 적이 없다. 집에서 도보가 가능할 정도로 가까운 직장을 찾거나 아예 직장 근처로 집을 옮겨 다녔다. 평균 출퇴근 시간이 하루 1~2시간이라고 가정했을 때 1년에 수백 시간을 절약한 셈이다. 직장 근처의 집값이 조금 비싸더라도 이동 시간과 교통비를 감안하면 비슷하다. 그렇게 모은 시간으로 투잡을 하거나 운동을 하거나 어학원을 다녔다. 혹자는 이렇게 말한다. 직장 가까이 살면 급한 일 있을 때 가장 먼저 불려 다니기 십상이라고, 집이 가까우면 동료들의 아지트가 된다고. 그게 무서워서 수많은 시간을 낭비하다니! 급박하지 않아 보이는 회사의 일은 요령껏 피해갈 수 있고, 동료들의 침입은 대문을 열어주지 않으면 된다. 출퇴근 시간만 줄여도 꽤 많은 시간이 모인다.

행복한 사람이란 돈이 많은 사람이 아니라 시간이 많은 사람이다. 시간이 많아야 내가 하고 싶은 것을 하며 살 수 있고, 그래야 행복하다. 경제적 대가만을 바라고 자신이 하고 싶지 않은 일을 하는 사람은 행복할 수 없다. 지금 당장은 돈을 적게 벌더라도 하고 싶은 일을 하며 사는 사람은 경제적으로도 언젠가 큰 기쁨을 얻게 된다. 또 가진 게 많아 시간을 내 맘대로 쓸 수 있는 여유가 있다 하더라도 내가 하고 싶은 일을 찾지 못한 사람 역시 행복할 수 없다. 소유의 기쁨은 잠시 뿐이다. 남아도는 시간을 쓸 줄 모르면 행복은 저 멀리 있다.

그런 의미에서 요즘 취준생들이 높은 연봉보다는 여유로운 시간을 원한다는 이야기를 들으면 그들이 행복한 삶을 제대로 이해하고 있는 것 같다는 생각이 든다. 쓸 만큼의 적당한 돈을 벌면서도 여유로운 시간을 가질 수 있다면 진짜 행복하지 않을까? 하지만 현실적으로 정해진 시간만 일을 하고 넉넉하게 돈이 나오는 일을 찾기란 그렇게 쉽지 않다. 그래서 공무원 시험만 박이 터진다. 아까워서 중간에 그만둘 수도 없는 공무원 업무가 내 적성에 맞는지도 모른 채 그 일에 평생을 바치겠다고 수많은 청춘이 작정을 한다. 일이 원래 힘들고 재미없는 것이라고? 그렇지 않다. 즐겁게 일을 하는 사람들이 얼마나 많은가. 그런 사람이 소수라고? 그렇다면 내가 그 소수가 되지 말라는 법은 어디 있는가.

놀아 본 사람만 아는
노는 즐거움

돌이켜보니 내 인생에서 가장 여유로웠던 순간은 고3 때가 아니었나 싶다. 나는 우리나라의 입시 제도가 진저리 나게 싫었다. 서른이 넘은 요즘도 고등학교 졸업장을 따기 위해 나보다 어린 아이들과 함께 교실에 앉아 있는 악몽을 꾼다. 중·고등학생 시절, 학교 가야 하는 내일이 오는 것이 싫어서 밤늦게까지 잠을 못 자던 일이 잦았다. 자퇴를 하고 강호에 나가야겠다며 엄마를 많이 괴롭혔다. 감수성 예민하고 제일 예쁠 시기인 10대도 학교에 갇혀서 보내버렸는데 20대마저 그럴 수는 없었다. 그래서 중국행을 택했다. 우연히 기회가 온 것이 아니라 중국으로 가기 위해 백방으로 뛰어다니며 알아보았다.

그때부터 고3 생활이 쉬워졌다. 친구들이 수능 한 문제 더 맞추려고 찌들어 있을 때, 미안하지만 나는 산으로 바다로 놀러 다녔다. 대학 진학을 포기하자 그제야 나는 내 삶의 주체가 될 수 있었다. 졸업을 위해서 학교에 출석은 했지만, 중국어 책을 펴놓고 공부하기 바빴다. 지금 생각하면 선생님들께 정말 죄송하다. 두 눈 똥그랗게 뜨고 "지금 저에게 중국어 공부가 더 필요하지 않겠어요?" 하며 선생님을 골탕 먹였다. 모의고사를 치는 날에는 담임선생님께 왜 내가 필요도 없는 시험을 치르러 아까운 응시료를 내야 하냐며 우기다가 도서관으로 추방당했다. 같은 일이 반복되자 나는 모의고사 날마다 슬그머니 스스로 도서관에 유배 가는 아이가 되었다.

시험이 시작돼 조용해지면 살금살금 학교를 빠져나와 버스터미널 화장실에서 사복으로 갈아입은 후 부산으로, 경주로 가는 시외버스를 잡아타고 가버렸다. 창원에서만 평생 살았던 나는 다른 도시가 무척 궁금했다. 다른 지역의 버스는 어떤 모양일지, 어떤 음식점이 있을지, 유명하다는 곳은 무엇 때문에 유명한지 직접 확인하고 싶었다. 고등학생이었던 나 혼자 제 발로 걸어가 두 눈에 담았던 남원의 춘향이 마을, 안동의 하회 마을, 보문사, 화왕산이 얼마나 아름다웠는지 모른다. 거기다 친구들은 열심히 공부하는데 나만 땡땡이친다는 짜릿한 쾌감까지!

그런데 사람이 좋은 걸 몰라서 그렇지 한번 알고 나면 또 하고 싶어진다. 공부가 삶의 전부인 고등학생일 때 나에게 그런 자유가 허락된 것은 중국 대학이라는 보장된 미래가 있었고 현재의 여유를 누릴 수 있는 시간이 있었던 덕분이었다. 사회인이 돼서 평생 회사를 다니기로 작정한다면 은퇴하기 전까지 평일 낮 시간을 모조리 회사에 바쳐야 했다. 나는 그럴 자신이 없었다. 차도 사람도 없는 평일 낮에 맡는 벚꽃 날리는 봄바람과 은행 내음 나는 가을바람이 얼마나 기분좋은지 나는 이미 알았다. 한여름의 해변도, 한겨울의 스키장도 평일에 가면 여유로운 데다 저렴하기까지 하다는 것도. 그리고 이 모든 것이 평범하게 직장 생활을 해서는 절대 얻지 못할 사치라는 것도.

20대를 바쳐 내 일을 하고 종잣돈을 모으면서 가장 좋았던 점이 바로 시간을 융통성 있게 쓸 수 있었다는 것이다. 물론 평일에 게으름을 피우면 그만큼 일을 못하게 되니 손해가 난다. 하지만 나는 그때 물건 하나라도 더 팔아보려고 있는 시간을 다 바치며 빡빡하게 살았다. 덕분에 그때는 시간으로 돈을 샀지만, 지금은 돈으로 시간을 살 수 있게 됐다.

평생을 한낱 돈 때문에 저당 잡힐 수는 없는 일이다. 아직 젊을 때, 한번은 돈을 정복하기 위해서 불같이 살아볼 필요가 있다. 그리고 한번만 정복하면 인생의 주도권을 내가 아닌 돈에 빼앗길 리 없을 거라고 생각한다. 첫 단추가 중요하다. 사회생활을 시작할 때부터 돈과 시간에 대한 개념과 목표를 가지고 이에 대한 철학을 만들어놓으면, 나중엔 '다포 세대'라 스스로 칭할 만큼 그렇게 많은 것을 포기하지 않아도 될 것이라고 믿는다.

05

다람쥐 쳇바퀴 말고,
선명한 인생

"왜 이렇게 일을 많이 벌이냐고 하지만,
내가 즐겁지 않았다면 못했을 것이다."

뭔가 특별한 일을 벌이면, 그해에는 무슨 일이 있었는지 선명하게 기억한다. 그게 반복되면 인생이 풍부해진다. 여행 다니는 사람의 1년은 보통 사람들의 10년과 같다고들 하는데, 매일매일 다른 것을 보고 다른 생각을 할 수 있기 때문이다. 하지만 굳이 비행기 타고 떠나지 않더라도 일상에서도 그렇게 살 수 있다. 어차피 삶 자체는 하나의 여행이니 말이다.

학교 다닐 때는 학년이 바뀌면서 매년 친구들이 바뀌고 역할이 달라지니까 몇 년도에 무슨 일이 있었는지를 정확히 기억한다. 하지만 사회인이 되고 같은 일을 반복하다 보면 기억에 남는 일이 없어진다. 매일 같은 일을 하고 퇴근 후 비슷하게 하루를 마감하는 세월이 쌓이면, 일 년 내내 매일을 복사해 붙여넣기 하는 것과 같다. 그러면 무슨 해에 내가 몇 살이었는지에 대한 감도 떨어진다. 하루하루를, 한 해 한 해를 기억하고 싶다면 내 삶에 작지만 특별한 이벤트를 벌이면 된다. 그게 나처럼 일을 벌이는 것일 수도 있고, 기억에 남는 친구를 사귀는 일일 수도 있고, 가족에게 잊지 못할 선물을 하는 것일 수도 있다. 종류는 다양하다.

생각해보니 나는 가만히 있다가도 때가 되면 늘 일을 벌였다. 내가 무엇을 좋아하는지를 정확하게 잘 알고 있고, 좋아하는 일을 시작하며 설레어봤기 때문에 일종의 중독에 빠졌던 것 같다. 마치 연애를 처음 시작하면 온통 그 사람 생각하느라 설레고 심장 터질 것 같은 느낌이 드는 것처럼 일과 사랑에 빠졌을 때도 똑같은 기분을 느낀다. 심장이 두근두근한 느낌이 좋아 잊을 만하면 또 흥분되는 일 없을까 하고 찾으러 다녔던 것 같다.

기억에 남는 순간들

우슈 국가대표 선발전은 매년 3, 4월에 치러진다. 고등학생 때부터 참가했기 때문에 대회에 나가는 것은 익숙했다. 한 번 떨어지면 다음 해에 다시 도전하면 될 일이었다. 하지만 중국에 간 처음 2년 동안 중국 학교에 적응하랴 중국어 공부하랴 정신이 없어서 내 운동을 제대로 하지 못하다가 3학년이 되어서야 따로 과외를 받으며 태극권을 제대로 배우고 있던 참이었다. 이번에는 대회에 나가 좋은 성적을 받아야겠다는 강한 의지가 생겼다. 한국이었다면 학원비 정도밖에 되지 않는 돈이었지만, 중국에서는 꽤 부담스러운 금액의 과외를 받으며 밥은 좋은 것을 못 먹는 대신 훈련비는 아끼지 않고 운동에 전념했다. 그리고 2006년 봄, 국가대표 선발전에 출전했다. 여기서 2등을 하면 학교로 돌아가야 했다. 코트에 서서 그간 갈고닦았던 4분 남짓의 태극권 연기를 시작했다. 첫 동작을 시작하니 긴장되었던 마음이 이내 사르르 없어지고 평정심이 찾아들었다. 대회를 준비하는 동안 한시도 잊지 않고 이미지 트레이닝을 했다. 경기장에서의 결전과 단상에 올라가 금메달을 받는 것. 이것이 나를 그렇게 떨리고 가슴 터지게 할 수 없었다. 그래서 젊은 날의 열정을 모두 운동에 쏟아부을 수 있었다.

2006년이 우슈로 기억되는 해였다면, 2007년은 한국어 동아리로 기억되는 해였다. 나는 베이징체육대학교 초대 한국어 동아리 회장이었다. 한국어 동아리를 개설하겠다고 하니 선생님은 "외국인 유학생이 동아리 창단권을 달라고 한 것은 네가 처음"이라며 한 번 해보기나 하라고 하셨다. 한류 열풍이 거세어지기 시작해서 중국 친구들이 나를 보고 한 번쯤은 "안뇽하세요" "오빠"라며 아는 척을 할 때였다. 그간 중국에 살면서 수많은 사람들에게 정말 많은 도움을 받고 살았다. 바보처럼 말도 못 하는 내가 낯선 땅에서 살아남을 수 있도록 힘을 주었던 친구들에게 보답을 하고 싶어서 벌인 일이기도 했다. 교안을 준비하고 모의 강의까지 한 후에 지정된 교실로 가는 발걸음 발걸음을 뗄 때마다 달리지도 않았는데 숨이 턱턱 차오르는 기분이 들었다. 흥분이 되어 마치 바이킹 탈 때처럼 내장이 슉 하고 꺼지는 느낌이었다.

강의실에 들어서니 리후이메이李惠美, 나의 중국어 이름이다가 대체 뭐하는 건지 궁금해서 구경 온 우리 반 친구들이 가장 많았다. 40명 남짓의 학생들이 모였다. 첫 마디를 떼며 나는 떨리는 음성을 주체할 수 없었다. 지켜보던 친구들은 내가 배에 힘을 꼭 주고 긴장하자 키득키득거리며 나의 첫 강사 데뷔를 지켜봐주었다. 한국어를 배우고 싶어 하던 학생들은 수업이 끝나고도 나를 붙들고 한참 동안 한국 이야기를 하며 친해지고 싶어 했다. 한국인이라는 것이 이때만큼 자랑스러웠던 적도 없었다. 수업은 기초 문법보다는 드라마 대사를 따라하거나 노래를 부르면서 노는 식이었다. 좋은 아이디어가 떠오르면 예고와는 다르게 수업을 진행하기도 했다.

하루는 아리랑을 배우기로 했다. 수업 전부터 중국 아이들이 부르는 아리랑이 중국 교실에 울려 퍼질 것을 생각하니 신이 났다. 한국의 대표적인 노래니까 어떤 한국인을 만나도 이 노래는 함께 부를 수 있다며 선동했다. 아니나 다를까 쉬운 발음과 리듬을 잘도 따라 불렀다. 그런데 가사 내용을 "자, 봐. 너가, 나를, 버리고, 가면, 십 리도, 못 가서, 너의 발은, 부러질 거야"라고 설명하는 순간 아이들은 "와아!" 하고 웃으며 황당해 했다. 내가 웃기려고 농담을 하고 있는 줄 알았나 보다. "이게 한국을 대표하는 노래라고? 워디 마야我的妈呀, 엄마야, 너희 한국 여자들 정말 공포스럽다." 그 후로 한국의 대표적인 정서인 한恨에 대해 한참을 설명하며 논쟁을 벌이다 수업을 마쳤다. 매번 이런 식으로 수업인지 수다인지 구분되지 않는 수업을 했지만, 한국어 동아리 수업을 하면서 나는 중국어로 강의하며 발표하는 능력을 키울 수 있었다. 최대 수혜자는 나였던 것이다.

중·고등학교 때에는 영화감독을 꿈꾸며 단편영화 만드는 데 몰두해서 나에게는 심각했지만 남들에게는 시시하게 보였을지도 모르는 영화들을 출품하며 두근두근 결과를 기다렸고, 사업을 한 후에는 창업경진대회에 사업계획서를 넣고 새벽부터 결과를 기다리며 설레어 했다. 예나 지금이나 하나도 변하지 않았다. 일 년에 몇 번, 이렇게 가슴 뛰는 일이 있어야 숨을 쉬고 살아가는 느낌이 든다. 사람들은 왜 이렇게 일을 많이 벌이고 사냐고 하지만, 내가 즐겁지 않았다면 못할 일이다.

언제나
첫눈에 반하지 않은 것처럼

사실, 우리 가족만이 아는 나의 비밀이 있다. 그것은 바로, 하나를 무던히 오래 못하고 금세 달아올랐다가 금세 식어버린다는 것이다. 나는 전형적인 냄비다. 끈기가 없어서 한 가지를 오래 하지 못하고 조금 했다 그만두는 것이 나의 최대 단점이다. 하지만 나를 잘 모르는 사람은 나를 보고 한 번 하면 끝장을 본다고 이야기한다. 몇 가지 일에서는 죽기 살기로 덤벼들었기 때문이다. 그러니까 나는 이제까지 무수한 일에 발을 담가 보았다가 겨우 한두 개 제대로 한 것이다. 이것저것 하다 보니까 저마다의 일에서 나의 장단점을 뚜렷하게 보았고, 그 많은 일 중에 운명이라고 생각한 일을 찾게 되었으며, 딱 한 가지를 물고 늘어졌던 것이다. 세상에 내 구미에 딱 맞는 일이 몇 가지나 있겠는가. 그런데 어떤 일이 나에게 딱 맞을지는 해보지 않고서는 알 수가 없다. 사람도 만나서 시간을 보내 보기 전에는 그 속을 알 수 없는 것처럼 말이다. 하지만 돈을 투자하는 대신 시간을 투자한 탓이었을까? 실패했을 때 잃은 것이 별로 없었고 오히려 값진 경험과 추억으로 다음 일을 하는 데 도움이 되었다. 누가 시켰다면 하지 못했을 일들. 하지만 생각만으로도 심장이 두근두근거려 당장 실행하지 않으면 못 배길 일들이었기 때문에 기꺼이 두 팔 걷어붙이고 할 수 있었다. 이런 경험들이 인생을 풍요롭게 해주고 함께한 친구들과의 우정을 더욱 돈독히 해주었음은 두말할 나위 없다.

온몸의 세포가 한곳에 열중해 있다는 말을 참 좋아한다. 그 말대로 내가 마음만 먹으면 내 온몸의 세포가 그 생각만 하는 것 같다. 이렇게 간절히 원하고 바라고 노력하면 온 우주의 기운이 나를 위해 힘을 쏟아준다고 여러 책에서 그러지 않았나. 한 가지 일에 빠지면 쉴 때도 놀 때도 잘 때도 온통 그 생각 하나뿐이다. 인생에 이렇게 무엇 한 가지에 몰두할 경우가 드문데, 어쩌다 그 한 가지를 만났다 하면 물 만난 물고기처럼 온몸의 세포를 거기에다 집중시킨다. 특히 데드라인이 있을 경우는 더욱 심해진다. 디데이가 며칠 안 남았다고 생각하면 더욱 바짝 정신이 든다. 열심히 몰두했던 한 해의 연말이면 한 단계 업그레이드 된 'ver.2의 이혜미'가 된 것을 느낀다. 올 한 해는 무슨 일을 이루었구나 하는 생각이 들고, 다음 해에는 무슨 일을 할 것이라는 리스트가 생긴다. 이렇게 바짝 열심히 산 해는 눈 깜짝할 새 지나간 것 같지만 생각해보면 참 더디게 갔다. 무수한 일들이 일어났기 때문에 한 해를 회상하는 데도 시간이 많이 걸린다. 반면 같은 일만 반복했던 날들은 기억에 남지도 않을 뿐만 아니라 정말 순식간에 지난 것 같은 생각이 든다.

사람들은 어린 청년들에게 도전 정신이 부족하다고 하지만, 내가 만난 사람들은 저마다 자신이 가지고 있는 특기를 한 번쯤은 특화하려고 노력해 봤다. 그들은 그 대상이 일이든 취미든 공부든 다양하게 시도한다. 하지만 한두 번 시도하고 이내 포기하면 소용없다. 한 가지를 실패한다 하더라도 아직 시도조차 해보지 않은 9,999개의 색다른 일들이 있다. "그래, 무슨 공부야. 그냥 한 잔해" "또 하다 그만두려고? 저번에 쓴 돈이 얼만데" 하는 다른 사람의 말도 포기를 부추긴다.

일과 마찬가지로 가슴이 뛰는 특별한 일이 있다면, 처음부터 너무 많은 투자는 하지 말되 자주 오래 해보자. 그중에는 진짜 가슴을 뛰게 하는 일이 있을 것이다. 나는 지금도 일 년에 수십 개의 일을 시도하다 포기한다. 그중 한두 개가 살아남는 것이다. 이렇게 사는 걸 습관화하면 다람쥐 쳇바퀴처럼 회사가 전부였던 일상에서도 선명한 자국을 남길 수 있을 것이다. 매 년, 매 년.

06

나이 들수록
일도 인생도 깊어져야 한다

"가는 세월에 집착하는 대신
오늘과 내 일에 집중하자."

10대 땐 빨리 20대가 되어 자유롭게 살고 싶었는데, 20대가 되니 빨리 30대가 되어 안정적으로 살고 싶어졌다. 어릴 적에 서른이 된 내 모습을 상상해본 적은 있지만 마흔 혹은 쉰 살이 된 나를 상상한 적은 없었다. 어릴 때 노인은 원래부터 노인인 줄 알았던 것처럼 나는 영원히 아이일 줄 알았고, 다 크려면 얼마나 많은 시간이 필요할지 아득하기만 했다.

젊음은 그 자체로 어딜 가나 환영받는다. 싱그러움 가득한 젊음이 좋지 않을 리가 있나. 그러다 30대가 되니 나이가 주는 압박감이 생기기 시작한다. 또래 친구들도 30대가 되었다는 것을 그리 자랑스럽게 여기지 않는다. 하지만 내 생각은 다르다. 나는 백오십 살까지 살 건데? 아직 인생의 5분의 1밖에 살지 않은 젊은이인걸! 김선우 시인은 우리나라에 만연한 '젊음 집착증'을 이야기하며 기형적이라고 지적한 바 있다. 맞다. 이건 병이다. 모두가 나이가 드는 것에 대해 우울해하고 거부하려고 한다. 내가 싫어하는 노래 중 하나가 많은 사람들이 명곡으로 꼽는 김광석의 '서른 즈음에'다. 어릴 때 나는 이 노래를 듣고 서른이 되면 병들어 죽겠거니 싶었다. 그런데 실제로 겪어본 서른 살은 너무나 자유롭고 명랑해서 더욱 이 노래를 이해할 수 없었다.

젊음이 좋긴 하지만 좋지만 그 젊음을 유지하려고, 젊음이 가는 것이 두려워 안달복달하는 것은 이상스러울 만치 부자연스러운 일이다. 마치 어린이가 젖먹이 시절에 집착하는 것처럼, 고등학생이 초등학생 흉내를 내려하는 것처럼 말이다. 굳이 내 또래 친구들을 버려두고 젊은 친구들 사이에 낄 필요 없다. 클럽에서 입장 제한을 받는다고 신경 쓸 필요도 없다. 그건 키즈카페 못 들어간다고 속상해하는 고등학생과 같다.

20대로 돌아가라고 하면
나는 사양한다

모든 것에는 장단점이 있다. 젊음의 장단점이 있고 나이 듦의 장단점이 있다. 젊었을 때의 장점을 실컷 뽑아 썼으면, 나이 들고 나서의 장점도 탐색해봐야 한다. 지나고 나면 아름다워 보인다지만, 생각해보면 나의 20대는 온통 흙탕물 튀는 전쟁터 같았다. 나는 20대부터 강사생활을 했는데, 어린 여자가 창업을 가르친다니 많은 사람들이 편견을 가지고 바라보는 시선을 느낄 수 있었다. 아무리 성숙한 척 애를 써봐도 만만해 보였는지 짓궂은 농담을 하거나 당신이 얼마나 잘 파는지 공개해보라고 시비를 거는 사람도 있었다. 내가 사장이라고 아무리 말해도 거짓말 말고 사장 바꾸라는 손님도 있었고, 도매 거래처에서는 위아래를 훑어보고는 말도 안 되는 가격을 제시하는 경우도 있었다. 누가 다시 20대로 돌아가라고 하면 나는 사양할 것이다. 그때 나는 내 정체성의 뼈대 세우기에 정신없었던 힘없는 소녀였을 뿐이었다.

　나이 듦이 두렵지 않으려면 나이 들수록 깊어지는 일을 하면 된다. 나는 그것을 운동선수로서의 생명이 끝난 20대 초반에 처음 깨달았다. 그리고 30대에, 40대에 더 멋있어질 일을 찾았다. 내 사업체를 운영하는 사장이 그 답이었고, 남들을 가르치며 돕는 선생님과 나의 경험을 전달할 글을 쓰는 작가도 그중 하나였다.

젊음에 집착할 시간에 스스로 만들어가는 깊이에 집착해보자. 작년과 비교했을 때 올해에는 더 깊어져야 한다. 포용력과 이해심도 넓어져야 한다. 젊은 나이에 가질 수 없는 무기를 만들어가야 한다. 그러지 않고 목소리만 높아지면 꼰대 취급을 받을 뿐이다. 주위 어른들 중에 내가 저 나이가 되면 저런 모습으로 살고 싶다는 분들이 있다. 그분들은 나이에 크게 개의치 않고, 한 해 한 해 새로운 일을 하며 변화했다. 내가 도저히 그 속도를 쫓아갈 수가 없었다. 그런 사람들이 진짜 어른이다. 몇 살의 아무개가 아닌 그 사람 자체로 인정받는다. 나 역시 그런 사람이 되고 싶다. 가는 세월에 집착하는 대신 오늘과 내일에 집중하자. 20대 초반에는 30대가 되면 완숙한 어른이라고 생각했지만, 40대가 보면 20대나 30대나 다 아이 같아 보인다. 십년 후 나에게 물어보자. 지금 내가 무슨 일을 해야 '십년 전에 너 그건 참 잘했다'라고 칭찬해줄 수 있을까. 나중의 내가 볼 오늘의 나도 충분히 젊다. 40대의 나에게 당당할 수 있는 30대를 보내야 한다.

07

장사에서 배운
사람 대하는 법

"내가 하고 싶은 말을 하지 말고 상대방이 듣고 싶은 말을
해주면 대개는 일이 쉽게 풀린다."

나는 온라인 쇼핑몰이 컴퓨터로만 하는 일인 줄 알았다. 컴퓨터 이
용 스킬이 무엇보다 중요할 줄 알았다. 하지만 직접 해보니 컴퓨터
를 이용하지만 결국은 사람들과 하는 일이었다. 특히 얼굴을 마주
보며 하는 일이 아니기 때문에 더욱 조심스러워야 했고, 자칫 잘
못하면 오해 사기도 쉬웠다. 내가 사람을 대하는 데 특별한 수완
을 가진 것은 아니지만, 최소한 다른 사람에게 죄를 짓거나 피해를
주지 않으려고 했고, 다른 사람에게 억울한 감정을 심어주어 직원

이 뒤통수를 친다거나 경쟁업체에서 신고를 한다거나 하는 최악의 '막장 드라마'는 만들지 말자고 생각했다. 일을 하며 내가 만난 사람들에 대한 이야기를 한데 모아본다.

10원으로 쌓은
도매 거래처와의 신뢰

고객 관리가 중요할까, 도매 거래처 관리가 중요할까? 정답은 도매 거래처다. 특히 온라인상에서 단골고객의 충성도는 오프라인보다 약할 수밖에 없다. 길 건너 마트까지 가기 귀찮으니까 동네 편의점이 비싸고 불친절해도 갈 수 밖에 없는 것과는 다르게, 온라인 상점은 조금이라도 거슬리는 것이 있으면 바로 발길을 뚝 끊게 된다. 특히 옆집이 나보다 조금이라도 싸게 팔고 있으면 손님은 여지없이 그리로 간다. 나만 해도 똑같은 제품을 최저가 검색 한 번 하면 더 저렴하게 구매할 수 있는데, 의리로 단골집을 찾지는 않는다.

그래서 저렴한 가격에 물건을 공급해줄 수 있는 도매 거래처가 중요하다. 좋은 가격에 좋은 상품만 공급받을 수 있다면 마케팅을 하기도 쉽고, 고객을 모으기도 수월하다. 내가 물건을 사주는 입장이지만, 도매상들이 나에게는 갑이다. 그들이 없으면 내가 장사를 할 수가 없다는 사실을 안다. 그런데 실수를 하는 사람들이 있다. 내 고객에게는 최선을 다하면서 도매 거래처에 가서는 내가 왕인 양 권리를 누리려고 하는 것이다. 한 번 거래하고 말 것이 아니라면 도매 거래처도 손님과 같이 겸손하게 대해야 한다. 좋은 도매 거래처를 만들어두면 가끔 손님을 유입할 수 있는 강력한 무기를 지원해주는 일도 생긴다. 내가 판매를 잘하는 것을 알아주는 도매 거래처에서는 상품성이 다소 떨어지는 상품을 나에게 파격적인 가격으로 주거나 기획으로 만든 특별한 제품을 독점으로만 주기도 한다. 이런 것들이 바로 나만의 경쟁력이 된다.

초보 시절부터 지금까지 언제나 거래처에서 거래명세서를 받으면 10원짜리 하나까지 금액에 적힌 그대로 입금을 했다. 그런데 나중에 업체들이 이런 이야기를 했다. 다른 곳에서는 10원 단위까지 다 입금하는 사람이 없다고. 보통 오래 거래를 할수록 100원 단위는 물론이고 1,000원 단위까지 다 절사하고 입금을 한다고 한다. 쇼핑몰 운영을 하면 손님에게도 할인 후 10원 단위로 정확하게 결제받는 것이 당연했기 때문에 나 역시 그렇게 한 것뿐인데, 내가 특이한 케이스가 된 것이다. 게다가 카드 할부 결제도 안하고, 빚이 있는 느낌이 싫어서 거래명세서도 건별로 바로바로 결제해버린다. 그것이 월말에 하나하나 대조해가며 계산하는 것보다 덜 피곤하기 때문이었는데, 그 덕에 나는 신용을 얻었다. 오히려 거래처들이 먼저 보증금도 없이 월 1회 후불 결제로 하라고 하는 것을 내가 번거로워서 여태껏 건별 결제를 고수하고 있다. 그래서 결제를 잘해주기로 소문이 나기도 했는데, 물건을 받고 결제를 안 해준다는 것 자체가 나에게는 미스터리다. 어쩜 그럴 수가 있지?

손님에게도 원칙은 지킬 필요가 있다

손님 응대를 하다 보면 무리한 부탁을 하는 사람들이 종종 있다. 큰일은 아니지만 물건을 먼저 보내주면 나중에 돈을 부쳐준다거나, 교환을 하고 싶은데 선 발송을 해주면 맞교환으로 자기 상품을 보내주겠다거나 하는 일이 그렇다. 월요일 아침에 전화가 와서 다짜고짜 큰소리를 치는 사람도 있다. "아니, 거기는 주말에는 아예 전화를 안 받나 보죠?"

처음에는 손님이 왕이니까 편의를 봐드리고 하나라도 더 팔아볼 좋은 마음으로 맞추어주었는데, 나중에는 화병이 날 지경이었다. 화장실 들어갈 때 마음 다르고, 나올 때 마음 다르다는 말이 어쩜 이렇게 들어맞는지! 내일까지 꼭 물건을 받아야 하는데 은행 갈 사정이 못 되니 상품 먼저 보내주면 반드시 내일 오전 중으로 입금을 하겠다고 고객이 약속을 한다. 처음 구매한 고객도 아니라 그 말을 들어준다. 그런데 그다음 날이 되어도 다음다음 날이 되어도 입금은 되지 않는다. 내가 죄 지은 것은 없지만 떨리는 마음으로 고객님께 입금이 되지 않았다고 전화를 걸면, 돈을 부쳐주기로 한 것을 깜빡 했는데 물건은 잘 받았다는 것이다. 그러면서 미안하게 됐다며 바로 돈을 부쳐준다고 한다. 큰돈도 아닌 3만 원 남짓한 금액이다. 이런 고객은 단골이 될 가능성이 크다. 편의를 봐주었으니 의리로라도 다시 찾아주는 것은 너무나 감사한데, 그다음에 또 같은 요구를 한다. 지난번에 분명히 돈을 부쳐주지 않았냐는 것이다. 거절하기 힘들어서 또다시 같은 상황을 반복한다. 그리고 한 번 더 이렇게 하기 시작하면 다음 번에는 더 무리한 요구를 하기 시작한다. 이런 경험이 몇 번 있고는 전화를 해서 깎아달라고 이야기하거나 무리한 부탁을 하는 것에 대해서는 정중히 거절을 한다. 왜냐하면 이것이 원칙을 지켜주는 고객에 대한 예의라고 생각하기 때문이다. 어떤 사람은 아무 말 안 하고 사니까 그냥 판매하고 깎아달라고 떼쓰는 고객에게는 깎아주고……. 판매자의 이런 태도가 바로 제값 주고 사는 사람을 '호갱' 만드는 것이다.

하지만 실제 이런 전화를 받았을 때 거절하기란 상당히 힘들다. 거절을 당했을 때의 고객의 기분을 생각해보면 더욱 그렇다. 말투가 조금만 딱딱해져도 "다시는 너희 집에서 사나 봐라"라고 벼르는 소리를 듣는다. 처음에 혼자 CS를 했을 때는 내가 사장인 것을 아는 사람들이 무조건 흥정을 하려 들어서 힘들었다. 50만 원짜리를 45만 원에 해주면 사겠다고 얘기하는 것은 나에게는 일종의 협박이나 다름없었다. 마음이 약해진 나는 하루 45만 원 매출이 어디냐며 고민하게 되고 이내 응답하게 된다. 하지만 직원에게 CS를 맡기면 이 부분이 훨씬 수월해진다. 애매한 상황은 바로 대답을 하지 말고 "일단 담당자에게 여쭤보고 회신드릴게요" 하면 된다. 그리고 생각할 시간을 버는 것이다.

직접 물건을 보고 구매하고 싶다며 사무실까지 찾아오는 고객들은 흥정이 더 심한 편이다. 차비와 시간을 들여서 왔다며 당연히 더 잘해주어야 하는 것이 아니냐고 우기는 고객의 이야기도 틀리지는 않았다. 그렇지만 매장 유지 비용과 손님 응대 비용을 절감했기 때문에 인터넷 쇼핑몰이 저렴한 가격으로 판매하는 것인데, 판매자 입장에서는 고객의 말에 100% 맞장구 칠 수는 없는 것이다.

원칙을 지키는 것에 미안해할 필요 없다. 정 마음이 불편하면 작은 사은품을 하나 끼워준다. 판매한 고객에게도 무언가 해주었다는 위안이 되고 다른 잠재고객들에게도 누구에게는 45만 원에 팔고 누구에게는 50만 원에 파는 불평등함을 없앨 수 있다. 지금은 혜택을 주고 싶으면 누구에게나 공평하게 홈페이지에 공지를 한다. 내 홈페이지를 운영하면서 할인 기간이나 조건을 아예 안 걸어놓는 것은 뭔가 아쉽다. 일정 기간에는 적당한 할인도 해주고, 일정 금액 이상 구매하는 고객에게는 사은품 서비스라도 주어야 한다. 그래야 일반 오픈마켓 판매와 차별을 두고, 홈페이지로 고객을 유입시킬 수 있다. 오픈마켓의 높은 수수료(국내 오픈마켓의 경우 약 12%)를 생각하면 내 홈페이지에서의 사은 행사는 충분히 해볼 만한 것이다. 특별한 할인을 원하는 고객에게도 해당 이벤트를 안내하면 대부분은 수긍한다.

손님 입장을
생각하면 팔린다

재고를 줄이기 위해 선 판매 후 사업을 하면 복병이 있다. CS가 늘게 된다. 재고 없이 판매를 하던 중 그 상품이 품절이 되거나 단종이 되어 다시는 나오지 않는 경우가 발생한다면, 아쉽지만 고객에게 전화를 해서 자초지종을 설명해야 한다. 이때는 "상품이 없는데요" 하는 말에 그치지 말고 대체할 수 있는 상품도 설명하고, 주문 변경을 하면 사은품 제공이나 추가 금액을 받지 않는 등의 서비스도 덧붙여야 한다. 취소를 원할 경우에는 다음에 쓸 수 있는 할인 쿠폰을 제공해야 한다. 재고 부담을 더는 대신 고객 응대에 드는 시간과 노력이 늘어나는 것은 감안해야 한다. 그리고 이렇게 몇 번 하다 보면 어떤 제품은 상품의 생명주기가 짧아서 3개월 만에 단종될 것이고, 어떤 제품은 3년 이상 꾸준히 생산될 수 있다는 등의 상품별 특징을 파악할 수 있다. 이건 누가 가르쳐줄 수 있는 것이 아니다. 시행착오를 거치며 익혀야 하는 '감'이다. 이 감을 익히면 선 판매 후 사입을 하는 구조라도 물건이 품절되어 곤란해지는 확률을 줄일 수 있다.

비슷한 상황은 내 창고에 제품이 쌓여 있어도 생긴다. 여러 오픈마켓에서 동시다발적으로 판매를 하기 때문에, 사이트의 재고 수량을 창고에 남은 수량에 맞춰 정확하게 분배해서 맞춰놓을 수가 없기 때문이다. 창고에 제품은 하나밖에 남지 않았는데, 자고 일어나니 옥션 1개, 11번가 2개, 이베이 1개, 총 4개가 팔렸다면? 똑같이 손님에게 전화해서 설명해야 하는 상황이 발생한다. 손님 입장에서는 이해하지 못할 일이다. 하지만 인터넷 쇼핑몰의 생리가 실제로 이렇다. 이 상황에서는 적절한 보상으로 손님들을 이해시키는 수밖에 없다.

장사를 해보니 다른 사람 생각을 많이 하게 됐다. 장사의 기본은 손님의 필요를 맞추어주는 것이다. 역지사지를 할 줄 알아야 손님이 물건을 사준다. 손님 마음에 드는 물건을 손님 마음에 드는 가격에 손님 마음에 드는 서비스로 제공해야 한다. 무조건 노출하는 것이 다가 아니다. 손님의 마음이 움직이지 않으면 지갑이 열리지 않는다. 장사를 한 후 그외 모든 것이 수월해졌다. 사회에서 만나는 사람들과 갈등이 생길 때도 그 사람 입장에서 생각하고 말을 해줄 수 있게 됐다. 내가 하고 싶은 말을 하지 말고 상대방이 듣고 싶은 말을 해주면 대개는 일이 쉽게 풀렸다. 장사에서 얻은 깨달음이다.

이런 손님,
저런 손님

해외 판매를 하다 보면 다양한 나라의 손님을 만나게 된다. 우리도 해외 직구를 하며 '상품이 며칠 만에 올까?' '제대로 된 상품이 올까?' 걱정하는 것처럼 해외 고객들도 같은 마음으로 한국이라는 생소한 나라에서 오는 상품을 손꼽아 기다린다. 처음 해외 판매를 하면서 생각했던 것보다 해외 고객들은 젠틀했다. 운송장 번호 추적이 되지 않는 소형포장물로 보내도 분실 사건이 100건에 한 건 정도 나오는 수준이었다. 한국 구매자들이 해외 사이트에서 직구를 할 때 이런 맹점을 이용해서 '못 받았다고 우기면 하나 더 보내준다'는 소문에 너도 나도 상품미수령 신고를 했다가 한국을 배송 제외 국가로 지정하는 판매자가 생겼다는 부끄러운 사건도 있었다.

간혹 상품을 못 받았다는 손님이 있을 때면, 환불을 해주거나 재발송을 해주었다. 그런데 몇 명의 고객은 환불을 받은 후 상품을 뒤늦게 수령하면 다시 판매대금을 송금해주는 훈훈한 일도 있었다. 보통은 페이팔 계좌로 송금을 해주는데, 편지와 함께 20유로를 우편으로 보내준 고객도 있었다. 포르투갈 고객이었는데, 내가 너무 감동했다고 하자, 내 것이 아닌 것을 탐하면 언젠가 또 잃어버릴 거라며 빠른 환불 처리에 감사하다고 했다. 그 후로 포르투갈 손님을 대할 땐 뭐라도 하나 더 챙겨주고 싶은 마음이 자연스레 들었다.

반면에 손님들과 얼굴을 붉히는 일들도 생기곤 한다. 제품을 주문한 지 2주가 지났는데 못 받았다고 해서, 보통 한 달 정도 소요되니 조금만 더 기다려달라고 답변을 보냈다. 만일 30일이 지나도 상품을 못 받으면 환불을 해주거나 다시 보내준다고도 이야기했다. 가끔 있는 일이었고 정중하게 메시지를 보내면 웬만한 고객들은 다 수긍을 한다. 그런데 이런 메일이 왔다. 이전에 주문했던 상품들은 모두 2주 안에 도착을 했다며 왜 자신의 시간을 낭비하게 하냐며 불같이 화를 내더니 마지막에 "한글로 욕 들어 볼래?"라며 어디서 배워왔는지 "Sheeba"라고 했다. 그냥 넘길 수가 없었다. 내가 욕 들을 정도로 잘못한 것 같지 않다며 너무 기분이 나쁘니, 이에 대해 사과하지 않으면 어떤 해결도 해주지 않겠다며 강한 어조로 이야기했다. 그랬더니 꼬리를 좀 내리고 이성적으로 다시 이야기를 했다.

해외 판매를 하며 외국 고객을 대할 때 어떤 태도로, 어떤 말투로 이야기를 해야 하는지 다시금 생각하는 계기가 됐다. 이런 특이한 상황에 맞닥뜨릴 때마다 어느 나라 사람인지를 먼저 들여다보게 된다. 구매자 역시 마찬가지일 것이다. 그래서 외국 고객에게는 더욱 신경 써서 정직하고 친절하고 빠른 서비스를 제공한다. 단순히 개인적인 감정이 상하는 것만을 염려하는 것에만 신경 쓰다 보면, 나 하나 때문에 한국인 전부가 욕을 먹을 수도 있기 때문이다.

'지인발'로 장사하려고
하지 마라

뭔가 새로운 사업을 시작하면 보통은 주변 사람들에게 먼저 알리기 마련이다. 흔히 하는 홍보 방법 중 하나다. 그래서 오픈 초기에는 '지인발'이라는 것이 있다. 아는 사람들이 와서 손님이 되어주는 것이다. 그런데 나는 초반에 지인들에게 나의 홈페이지 오픈 소식을 일절 알리지 않았다. 누구보다 얼굴이 얇아 "저 홈페이지 만들었는데 방문해서 사주세요"라는 말을 죽어도 못했기 때문이다. 사람들은 무술용품점을 오픈했다고 하니 당연히 무술하는 지인들에게 홍보부터 할 줄 알았겠지만, 정반대였다. 대신 열심히 운영을 해서 자연스럽게 소문이 나 "아, 그게 네가 운영하는 거였어?"라는 소리를 듣고 싶었다. 처음부터 "팔아주세요" 하는 것과 나중에 우연히 알게 되었을 때의 차이는 크다. 나는 어쩌면 제대로 된 '회사놀이'를 하고 싶었는지도 모른다. 지인들이 내 홈페이지를 알게 되었을 때는 어느 정도 정돈이 된 상태였다. 그래서 최소한 지인에게 욕먹거나 실수할 일은 없었다. 나도 지인들이 사주겠지 하는 헛된 꿈을 꾸지 않았고, 그 누구도 하나 공짜로 얻으려고 물어보는 일이 없었다.

지인을 첫 고객으로 둔갑시켜, 마지못해 지갑을 열게 하는 것은 사업가의 마인드가 아니라고 생각한다. 사업의 기반이 다져지기 전에 지인에게 홍보부터 한다면, 그 지인은 부담감을 느끼게 된다. 나도 느껴본 적이 있다. 안 사주면 안 될 것 같은 압박감 말이다. 사람들이 네트워크 사업을 색안경을 끼고 보는 이유도 지인부터 끌어들이기 때문이다. 모든 인맥을 대동해서 사업성이 있고 좋은 것이라고 이야기하는데, 그건 본인한테만 좋은 것이다. 게다가 좋은 것이라도 필요하지 않은 제품은 구매할 이유가 없다. 지인에게 내 상품을 홍보하면 열에 여덟은 별로 필요하지 않은데도 사게된다. 그런데 그 제품이 하자가 있거나 더 저렴하게 파는 다른 곳을 알게 된다면? 좋은 말이 나올 리가 없다. 사업을 하며 지인에게 칭찬은커녕 욕을 들을 판이다.

SNS로 홍보를 하는 방법 역시 대단히 좋지만 조건이 있다. 친구

등록을 내 진짜 친구가 아닌 내 홈페이지를 좋아할 것 같은 잠재 고객을 대상으로 하는 것이다. 아주 오래전이야 장사를 시작하면 지인들에게 전화 한 통 하는 것이 인맥을 이용하는 전부였지만, 지금은 인터넷으로 무한정한 인맥을 만들 수도 내 팬을 확보할 수도 있다. 그들에게 상품 홍보가 아닌 판매자의 실사용 후기, 이벤트 등 '보는 사람이 좋아할 것 같은' 포스팅을 한다면 그들을 내 고객으로 잡을 수 있다. 사업을 시작하고 친구들과 함께 이용하는 SNS에 온통 상품 이야기만 도배하는 사람이 있다. 그 제품이 내가 관심 있는 것이 아니라면 그 또한 부담감이 될 뿐이다.

내가 진짜 친한 친구들에게 도움을 청한 방법은 내 홈페이지 방문 후 게시판에 질문을 좀 남겨달라고 하는 것이었고 기꺼이 도와줬다. 이런 부탁을 한 이유는 홈페이지를 방문한 고객이 게시판에 질문 하나 없는 쇼핑몰에서 구매를 하면 불안해 할 것 같아서였다. 오픈마켓처럼 판매자 등급도 없고 구매 수량도 표기가 되지 않은 개인 쇼핑몰 페이지에서는 게시판이야말로 쇼핑몰이 제대로 돌아가고 있음을 알려주는 신호다. 게시판의 사용 빈도는 손님이 첫 방문을 했는데 구매 전환율을 높여주는 데도 큰 역할을 한다. 아무리 에스크로가 작동을 잘 하더라도 '배송이 제때 안 되면 어떡하지' '전화를 안 받으면 어떡하지' 라는 걱정이 존재한다. 그런데 매일 매일 새로운 질문이 올라오고 빠른 답변이 붙어 있는 것을 보면 신뢰를 하게 된다.

지인에게 "나 쇼핑몰 만들었어. 놀러 와"하는 것은 꼭 사달라는 말처럼 얄밉게 들릴 수 있지만, 질문 하나만 남겨달라는 어렵지 않은 부탁을 하니 친구들도 나에게 도움을 줄 수 있는 것에 대해 뿌듯해했다. 이때, 다양한 이벤트와 사은품, 저렴한 가격 등 눈을 사로잡을 만한 이야깃거리를 미리 만들어놓으면 친구도 자연스럽게 입소문을 내주게 된다. 내 홈페이지를 소문내고 싶다면 단지 아는 사람 가게라서가 아니라 그냥 보아도 소문낼 만한 구실을 만들어주어야 한다.

사업을 시작한 친구와 사업의 '사' 자도 모르는 친구 사이에는 차이가 있다. 사업주는 '내가 사업을 시작했으니 주위에서 구매도 해주고 도와주겠지'라고 생각하고, 일반인 친구는 '와! 내 친구가 사업한대. 나 뭐 하나라도 얻어먹겠지?'라고 생각한다. 사업이 어느 정도 궤도에 오르고 업계에서 조금이나마 소문이 난 순간, 당신의 친구가 다른 사람을 통해 당신의 사업을 접하게 된다면 경외감을 느낄 것이다. 사업 초기에 아는 사람들에게 사달라고 조르는 건 능력 있는 사장님이 하기에 부끄러운 일이다!

08

내 돈으로 이익을 얻는 게
누구인가

"벌기는 힘든데 쓰기는 쉽다.
사회는 눈만 깜빡여도 코 베어갈 장치들이 숨어 있는 정글이다."

20대는 일생 중 가장 많은 일이 일어날 수 있는 시기가 아닐까 한다. 선택해야 할 것도 많고, 어느 때보다 기회도 많이 온다. 또 이 시기의 경험이 앞으로 인생에 큰 영향을 미치기도 하기 때문에 다양하게 경험해보는 것도 중요하다. 하지만 사회 초년생의 겁 없는 선택으로, 경험 부족에서 오는 선택으로 호되게 당할 수도 있다. 나도 20대 때 겁 없이 부동산 일을 했다가 큰돈을 사기당할 뻔했다. 지금 생각해도 아찔한데 운이 좋아 그나마 다행이었다는 말로

밖에는 설명할 수 없는 경험이었다. 제대로 사회생활을 시작하기도 전에 일이 꼬여버렸다면 지금처럼 중심을 잡고 잘 살아갈 수 있었을지 모르겠다. 이후 이 사건이 오히려 약이 돼 다른 사람의 말을 무작정 믿는 것을 극도로 조심할 수 있었다.

시간이 지나 친구들과 이야기해보니 20대 시절 저마다 하나씩은 시행착오의 경험들이 있었다. 모두를 위해, 미래를 위해, 잘한 선택이었다고 생각했던 일이 시작할 때의 기대와는 사뭇 다른 결과를 가져와 실망한 케이스가 많았다. 이런 경험 중 대표적인 것이 다단계라 부르는 네트워크 사업과 보험이다.

네트워크
사업에 관하여

도널드 트럼프가 한 TV쇼에 출연했을 때 진행자가 물었다. 만일 지금 사업이 다 망해서 무일푼으로 돌아간다면 어떻게 재기하겠냐고. 트럼프의 대답에 사람들은 경악했다. "괜찮은 네트워크 회사에 초기 멤버로 들어갈 겁니다." 야유를 보내는 관중들을 향해 트럼프가 일침을 날렸다. "그래서 나는 여기 무대에 앉아 있고, 여러분은 관중석에 앉아 있는 것입니다."

맞다. 네트워크 사업으로 누군가는 돈을 번다. 그 희망으로 선뜻 시작하는 친구들이 있었다. 대부분이 회사를 다니며 받는 월급만으로는 평생 부자가 될 수 없다며 '투잡'으로 탈출구 찾기를 누구보다 바란 이들이었다. 그들로부터 여러 번 가입 권유도 받았다. 제품에 대한 확신으로 가입을 권유하는 회사가 있는가 하면, 다단계에 대한 안 좋은 평판이 늘자 '시기'가 중요하다며 빠른 편승을 부추기는 신생 회사도 있었다.

결론적으로 그들은 많은 제품을 '구입'했다. 돈을 벌었느냐 물으면 모두 대답을 못 한다. 그래도 좋은 제품이라도 썼으니 위안이 된다고 말한다. 제 돈 주고 구매한 소비자가 제품 홍보까지 열심히 해주고, 매월 할당량을 맞추기 위하여 필요 이상으로 구매를 한다는 것이 바로 네트워크 사업의 구조다. 이 사업을 시작하기 전에 반드시 이 구조를 이해하고 방어할 준비를 해야 하는데, 사업설명회에서 희망적인 이야기만 듣다 보면 단점은 보이지 않고 될 것 같은 기대만 충만하게 된다. 가족과 지인들을 모두 도울 수 있을 것 같아서 들뜬다.

물론 어떤 이는 돈을 벌기 때문에 사업성이 아예 없는 것은 아니다. 네트워크 사업을 할 때 흔히 말한다. 각 개인이 사업자이고 사장이라고. 그 말처럼 이 사업에서 성공하기 위해서는 사업을 독창적으로 운용할 나만의 노하우가 있어야 한다. 그들이 말하는 대로가 아니라 내가 주인공이 돼야 휩쓸리지 않는다. 단순히 지인들에게 가입을 유도해서 성공한 케이스는 창업 성공률보다 낮다.

보험 가입,
그렇게 쉽게 할 수 있어?

월 300만 원을 버는 친구가 있다. 그 친구는 보험료로 100만 원을 낸다고 한다. 나는 기겁을 했다. "너 중병에 걸렸어?" 사람들은 안 좋은 미래는 생각하지 않으려고 한다. 언젠가는 죽는다는 사실도 잊은 채 살아간다. 언젠가 죽을 인생의 하루하루를 충실하게 사는 대신, '언젠가 내가 죽을지도 모르는데, 큰 병에 걸릴지도 모르는데'라며 선뜻 돈을 내고 보험에 가입한다. 그러면 왠지 모르게 마음이 든든해진다. 내가 스스로 대책을 세우기는 복잡하고 귀찮은데 보험설계사가 와서 상담도 무료로 해주고 대책까지 세워주니 얼마나 편한지 모른다. 엄마가 적금 100만 원씩 들으라는 말은 들리지 않지만, 일단 설계사가 하는 말은 전문가니까 믿고 본다.

하지만 보험회사에서 보장하는 병에 걸렸을 때 내가 예상했던 것만큼의 적절한 보상을 받지 못하는 경우가 얼마나 많고, 보험 때문에 일어나는 사건·사고는 또 얼마나 많은가. 약관 내용도 제대로 숙지하지 못하면서 덜컥 큰돈을 내는 것을 보면 안타깝다. 필요 이상의 과한 보험 지출로 허기져 하는 내 통장은 눈에 밟히

지 않는가.

친구들의 성화에 실비보험을 들어볼까 싶어 알아봤더니 일 년에 병원 한 번 가지 않는 나에게는 실비보험이 그리 큰 영양가가 없었다. 한 달에 실비보험 10만 원씩 5년이면 600만 원이다. 건강검진 비용을 빼고, 가끔 병원 가서 약 타봐야 5년 동안 100만 원이 채 안 들어갈 것 같았다. 보험을 들었다면 아파야 본전을 찾고 안 아프면 그 돈을 날리게 된다(연금형 보험도 실수령액을 계산해보면 손해가 적지 않다). 그 돈을 저축했다면, 아플 때 꺼내 쓰면 되고 안 아프면 그 돈이 그대로 남는다. 중국 친구들은 보험이 하나도 없는 경우가 대다수다. 당장 벌어먹기도 빠듯한 형편에 병에 걸릴지 안 걸릴지 모르는 확률 게임에 베팅을 하지 않는 것이다.

보험회사가 유지된다는 것은 보험이 회사에 끊임없는 이익을 가져다주기 때문이다. 왜 나는 손해를 보는데 보험회사는 이익을 내는가. 지금의 보험이 결과적으로 나에게 얼마나 플러스가 되었는지, 앞으로 플러스가 될 가능성은 얼마이고 마이너스가 될 가능성은 얼마인지 생각해보고 정리해야 한다. 무엇보다 보험을 들기 전에 이 확률을 정확히 계산해보고 들어야 한다. 사람들이 많이 한다고 하는 것일수록 가입자보다는 보험회사에 이익을 주는 상품일 가능성이 높다. '묻지마 보험'으로 코 묻은 사회 초년생의 월급이 통장을 스치는 일이 줄어들었으면 좋겠다.

벌기는 힘든데 쓰기는 쉽다. 사회는 눈만 깜빡여도 코 베어갈 장치들이 곳곳에 숨어 있는 정글이다. 그곳에서 실제로 이익을 얻는 사람들의 입장을 바꿔서 생각해보자. 돈을 쓰기 전 한 박자 숨을 고를 수 있을 것이다.

09

내가 사회를
구하는 방법

"뭔가를 하고 있어야, 굴러가고 있어야,
운도 기회도 생긴다."

사실 나는 세상 돌아가는 일에 무지한 사람이다. 스무 살에 중국으로 가서 한국 사람과 한국 소식을 딱 끊고 중국어만 쓰며 살았다. 대통령이 바뀐 것도 중국 친구에게 듣고 알았을 정도였다. 한국에 돌아와서는 부동산 회사에 잠시 들어갔다가 얼마 안 가 내 사업을 시작했다. 매일 19인치 모니터에 얼굴을 박고 쇼핑몰의 세계에 빠져 살아서 사회문제에는 눈 감고 귀 닫고 살았다. 기사에서 나오는 청년실업문제나 기성세대들과의 갈등에 대한 이야기에 등 돌리고 잊어버렸다. 수능을 치지 않은 나는 동생이 수능을 칠 때가 되어서 야 대한민국의 고3이 이렇게 뼈 빠지게 고생하는구나 하고 느꼈 고, 취업 준비에 목매달아본 적이 없었기 때문에 나름 좋은 대학을 나온 동생마저 요새 취업이 쉽지 않다며 사회에 문제가 있긴 하다 고 얘기하니 나는 그제야 문제가 있긴 있구나 하는 생각을 했다.

초등학생이었던 동생이 하루는 비 오는 날 횡단보도에 서 있었 는데, 어떤 승용차 한 대가 물웅덩이를 밟고 쌩 지나가는 바람에 홀딱 젖은 채로 씩씩거리며 골이 난 채 집에 들어온 적이 있었다. 나는 동생에게 다음부터는 비 오는 날 횡단보도 바로 앞에 서 있지 말고 멀찍이 떨어져 있으라고 했다. 동생은 화를 내며 그 차가 잘 못한 것이지 거기 서 있던 내 잘못이냐며 흥분을 했다. 나는 그때 차가 잘못했지만 그런 차를 쫓아가서 일일이 따질 수 없는 노릇이 니까 한 발 뒤로 물러서 있는 것이 네가 할 수 있는 최선이라고 이 야기했다. 20대가 된 동생이 사회구조에 대해 핏대 높여 이야기를 하는데, 30대가 된 나는 또 한 번 물을 튀기고 지나가는 차를 쫓아 갈 수가 없으니 최대한 멀리 피해 있으라고 한다.

비겁하지만 내가 세상을 사는 방법이었다. 아예 학생운동이 극 성이던 시절처럼 앞에 나가 투쟁할 것이 아니라면 뒤에서 불평만 하는 것은 아무 짝에도 쓸모가 없다. 내 작은 힘으로 당장 어떻게 할 방법이 없으니까, 일단 내가 할 수 있는 최선을 다했다. 나도 기성세대가 될 날이 머지않았다. 다음 세대에게 미안하다고 말하지 않을 수 있으면 좋겠다. 그러기 위해서 당장 지금 내가 무엇을 어떻게 해야 할지부터 고민해봐야 한다.

우리는 누구보다 똑똑한 세대들이다. 그래서 잘 안다. 우리가 불평하고 손 놓고 있는 시간에 부자는, 기득권자들은 더욱 자산을 불려간다는 것을. 개인 개인이 강해지면, 그 사회는 강해진다. 강한 사람이 뭉치면 입김이 세진다. 아직은 힘없는 우리가 할 수 있는 일은 넋 놓고 한탄만 하는 것이 아니라 끊임없이 자신을 업그레이드하는 것이다. 뭔가를 하고 있어야, 굴러가고 있어야 운도 기회도 생긴다. 그런 시간들이 쌓이면 어느 날엔가는 횡단보도에서 멀찍이 떨어져 있던 어린 내가 물 튀기고 지나가는 차보다 더 좋은 차를 몰고 다니며 입 바른 소리를 해도 경청해주는 사람이 많아지는 날이 올 것이라고 믿는다.

부록

창업 실전 팁

해외 판매 Q&A

Q. 해외에 판매하면 배송비가 너무 많이 나오지 않을까요?

A. 우체국 소포를 이용하면 비교적 저렴하게 보낼 수 있습니다. 택배가 성행하기 전 집 우편함에 꽂혀 있던 소포를 기억하세요? 택배비보다 더 저렴한 '등기번호 없는 소포'를 이용하세요. 물론 2킬로그램 미만의 가벼운 제품만 가능하지만, 500그램 기준으로 미국까지 배송비 6,500원이면 됩니다! 좀 더 안전하게 등기 번호를 붙인다면 2,800원만 추가하면 됩니다.

Q. 결제는 어떻게 받나요?

A. 페이팔, 페이오니어, 알리페이 등의 결제 사이트를 통해 받습니다. 달러가 아닌 원화로 환전되어 한국 통장으로 입금됩니다. 해외 판매를 하면 당연히 통장에 달러가 찍힐 줄 알았는데, 그렇지 않아서 못내 아쉬웠습니다.

Q. 수수료는 얼마나 되나요?

A. 이베이 기준으로는 이베이와 페이팔 양 측의 수수료를 모두 합한 것이 15% 내외이고, 아마존 기준으로는 20% 내외로 생각하면 됩니다. 비싸다고 생각될 수도 있지만 해외 오픈마켓을 끼지 않고 직접 해외 판매를 하려고 할 때 드는 비용과 시간을 생각하면 그리 높은 수수료라고 볼 수도 없습니다. 또한 상품이 팔리지 않았을 때는 수수료가 거의 들지 않습니다.

Q. 영어를 못해도 가능할까요?

A. 영어공부 할 요량으로, 경험 삼아 해외 판매를 시작하는 학생들이 늘고 있습니다. 영어가 유창하지 않은 비영어권 판매자들도 많습니다. 판매할 때 쓰는 영어는 생각보다 쉽습니다. 해외 판매를 시작하면 돈도 벌고 영어공부도 할 수 있습니다. 단, 본인만의 영어공부도 병행되어야겠지요. 저는 화상영어를 등록하거나 원어민 회화 학원을 다니면서 해외 고객에게 메시지를 보내는 것에 대한 조언을 많이 얻었습니다. 그냥 영어 학원 다니는 것보다 훨씬 효율적이었습니다.

Q. 해외 판매를 시작할 때 사업자등록증이 필요한가요?

A. 신용카드, 핸드폰 번호로 인증을 받는 경우가 대부분이라 사업자등록증 없이도 시작이 가능합니다. 판매에 가능성이 보이고, 어느 정도 지속적으로 판매가 될 때 사업자등록증을 내도 됩니다.

Q. 부가세 환급이 무엇인가요?

A. 많은 사람들이 부가세 10% 환급이라고 하면, 3만 3,000원짜리 상품을 팔면 무조건 3,000원을 환급 받는 줄로 오해하곤 합니다. 하지만 이는 사실이 아닙니다. 판매가 아닌 사입을 한 금액의 1/11에 해당하는 금액만 환급 받는 것입니다. 환급을 받으려면 사업자등록증을 내서 부가세 신고를 해야 합니다. 간이과세자는 부가세 환급이 불가능하고, 일반과세자 혹은 법인사업자이어야만 부가세 환급을 받을 수 있습니다.

예를 들어, 내가 국내에서 3만 3,000원짜리 상품을 판매하면 3,000원의 부가세를 내야 하지만, 이 제품을 1만 1,000원에 사입했다고 하면 1만 1,000원에 포함되어 있던 1,000원의 부가세를 제외한 나머지 2,000원의 세금만 내면 됩니다. 같은 가격으로 해외에 팔았을 때, 수출은 영세율이 적용되므로 3만 3,000원 판매에 대한 부가세를 내지 않아도 됩니다. 그러면 사입을 한 물건의 1,000원 부가세를 돌려받게 됩니다.

창업 실전 팁 2
도매 거래처, 어떻게 구할까?

처음 오픈마켓을 시작하는 예비 판매자가 쇼핑몰 사이트 사용법을 익히기 전에 먼저 생각해놓아야 하는 것이 바로 도매 거래처다. 우선 어떤 상품을 판매할 것인가를 정해야 한다. 그래야지 이 상품이 어느 시장, 어느 쇼핑몰에 어울릴 수 있을까 생각할 수 있다. 국내에서 가격경쟁이 심한 제품을 해외에서 팔 수도 있고, 반대로 해외 오픈마켓에서 경쟁이 심한 상품을 국내 소비자를 타깃으로 팔 수도 있기 때문이다.

판매할 상품의 종목을 정했으면 도매 시장으로 무작정 달려가기 전에 해야 하는 일이 바로 포털 사이트 검색이다. 여성의류 도매, 화장품 도매 등과 같은 키워드로 검색을 해보면 생각보다 많은 도매 사이트를 발견할 수 있다. 보편적으로 '도매꾹'과 같은 종합 도매 쇼핑몰을 많이 찾아보지만, 한 카테고리만 전문적으로 운영하는 독립 도매 사이트를 확보하는 것이 훨씬 안정적이다. 보통은 도매 회원으로 인증을 받기 위해 사업자등록증을 요구한다. 구색을 갖춰서 판매하는 전문 도매 사이트들은 그만큼 상품 제조와 판매, 배송에 많은 신경을 쓰고, 가장 중요한 상품 사진이나 상품 페이지를 잘 만들어놓는다. 사진을 이용할 수 있는 권한이 생기면(유료로 권한을 주는 곳도 있고, 도매 회원으로 승격만 되면 사진을 쓸 수 있도록 해주는 곳도 있다), 그 사진을 가지고 먼저 오픈마켓에 상품을 올려보고 판매가 되면 그제야 주문을 하면 된다.

도매 거래처와 거래를 시작하는 데는 거의 비용이 들지 않는다. 그래서 기왕 알아볼 것 한두 군데만 알아보지 말고 관련 도매처를 다 알아보는 것을 추천한다. 유명한 곳이라고 해도 나와 맞지 않을 수 있고, 작은 도매 거래처라도 나와 스타일이 맞는 곳이 있기 때문이다. 나는 검색으로 30개의 도매 거래처가 나오면 30개 업체에 모두 사업자등록증을 보내서 도매 회원 등록을 한다. 도매 회원으로 등록을 해야 가격이 공개되는 경우가 많기 때문에 하루에 한두 개 정도 시도하기보다는 하루 날 잡아서 모든 곳에 다 연락을 취한다. 그래야 한눈에 비교하기도 쉽다. 답변이 온 곳 중에서 마음에 드는 단 한 곳만 찾아도 성공이다. 한 도매 사이트만 하더라도 수백 가지 물건을 취급하기 때문이다. 웬만한 도매 사이트는 꾸준히 신상품을 업데이트하기 때문에 한 번만 거래를 트면 그 후로 쭉 편하게 판매를 할 수 있다. 단, 사이트 관리가 안 되어 있고 전화 통화가 잘 안 되는 곳은 피한다. 실컷 사진 올려서 어렵게 주문을 받았는데 도매 업체가 영업을 중단할 수도 있고, 배송 시간이 생명인데 하루 이틀 배송을 지연시켜서 내 판매에 치명타를 입힐 수 있다. 자본이 없어서 지방에 살아서 인터넷 쇼핑몰 창업을 못 한다는 말은 핑계다. 관건은, 누가 도매 사이트의 상품을 더 빨리 클릭하러 가느냐에 있다.

창업 실전 팁 3
상품 페이지, 어떻게 만들까?

상품을 구매하는 고객이 쇼핑몰 메인 페이지를 보고 구매를 하겠는가, 판매자의 로고만 보고 구매를 하겠는가. 둘 다 아니다. 사고 싶은 상품의 잘 만든 상품 페이지를 보고 결제 버튼을 누른다. 상품 페이지는 내가 파는 상품의 또 다른 얼굴이나 마찬가지다. 누가 봐도 사고 싶게 만들어야 한다. 여기서 중요한 것은 디자인이 아니다. 많은 판매자들이 디자인에 자신 없어 하지만, 손님들은 과한 상품 페이지에 오히려 숨 막혀 한다. 정확한 사진과 설명만 깔끔하게 들어가도 충분하다.

그런데 쇼핑몰을 시작하면서 쇼핑몰 이름을 짓고 로고를 만드는 것은 설레는 마음으로 하면서 정작 상품 페이지 올리는 것에는 소홀한 사람들이 많다. 반복되는 작업이라 지칠 수는 있지만, 대문은 공들여 만들어놓고 알맹이가 허술하다면 누가 쉽게 결제 버튼을 누르겠는가. 내가 파는 상품의 모든 페이지는 공을 들여 만들어야 하고, 특히 사이트마다 상품마다 페이지의 특성도 달라져야 한다.

국내 오픈마켓은 포토샵 작업도 필요하고, 상품 구성도 알차야 한다. 한국 고객들은 한 페이지에 한 제품만 들어가기보다 옵션이 많이 있는 페이지에 익숙해져 있다. 특히 국내 오픈마켓은 상품 페이지 단위로 광고를 하는데, 기왕 광고하는 거 한 페이지 안에 많은 상품을 다 넣어서 그중에 뭐라도 하나 팔리게끔 만드는 것이 전략이다. 그래서 국내 오픈마켓의 상품 페이지는 자신의 포토샵 실력이 뛰어나지 않다면 대행업체를 이용하는 것이 더 효율적이기도 하다.

해외용 상품 페이지는 간결하고 명료해야 한다. 국내 상품 페이지처럼 페이지를 길게 만들어버리면, 기본적으로 우리보다 7배가 느리다는 해외 인터넷 속도로는 내 상품 페이지가 아예 열리지 않을 수도 있다. 간결하게 만들되 고객이 원하는 정보가 다 들어 있어야 한다. 그래야 문의가 덜 온다. 질문이 예상되지 않는다면, 고객의 반응을 살피며 궁금한 질문이 올 때마다 그 내용을 상품 페이지에 추가할 수도 있다. 부족한 점을 알았을 때 반드시 상품 페이지에 내용을 업데이트해야 같은 질문을 두 번 받지 않고, 질문조차 하지 않고 그냥 돌아서는 고객들까지 잡을 수 있다.

나는 중고나라 카페 페이지를 보고 감탄한 적이 한두 번이 아니다. 우리나라 온라인 쇼핑몰 수준이 세계 1위라고 하는데, 일반 소비자들의 수준도 최고인 것 같다. 일반인들이 중고나라 카페에 올려놓은 페이지만 봐도 저렴한 가격에 상품 사진과 설명, 배송정보, 스토리텔링까지 구매자가 원하는 모든 것이 들어 있다. 게다가 문의를 하면 답변도 빠르다. 그래서 그렇게 많은 이들이 중고나라를 통해 구매를 하는 것이다.

상품 페이지를 만드는 데 있어 무엇보다 중요한 것은 고객의 지갑이 열릴 수 있는 페이지여야 한다는 것이다. 다시 말해 고객이 믿을 수 있는 페이지여야 한다. 하단에 들어가는 기본 정보, 즉 배송 정보, 고객센터 응대 시간, 교환/반품에 대한 정보 등을 개성 있고 센스 있게 만들어도 그럴듯해 보인다. 참고로 해외 고객들은 배송 기간과 자기 나라까지의 배송비를 가장 궁금해하고, 국내 고객들은 당일 출고 마감 시간이 몇 시인지를 눈여겨본다.

너무 과한 디자인보다 이 정도는 내가 만들 수 있겠다 싶은 페이지를 벤치마킹하는 것도 방법이다. 내 마음에 드는 다른 판매자의 페이지 두세 개만 따라 만들어보면, 나만의 개성 있는 페이지가 만들어진다. 그래서 다른 판매자들의 페이지를 많이 봐야 한다. 상품이 많이 판매되는 페이지의 장점을 가지고 올 줄 알아야 한다. 다른 판매자의 페이지를 100개도 채 보지 않았는데, 내 페이지 100개가 어떻게 나오겠나.

점점 모바일로 상품을 검색해 구입하는 고객의 비중이 늘고 있다. 모바일의 경우 상품 페이지 자체를 자세히 읽어보지도 않고 메인 사진과 제목, 가격만 보고 구매하는 경우가 많다. 그래서 메인에 들어가는 사진과 상품명을 더욱 신경 써야 한다. 또 상품 페이지를 제대로 안 보고 구매한 고객과 분쟁이 생겼을 때를 대비해 교환/환불에 대한 기준과 같은 부분들을 명확히 표기해야 한다.

이렇게 상품 페이지를 만들어 등록하면서 몇 개의 상품을 올려야 할지 많이 고민한다. 하나만 올려놓고 판매되기만을 기다리는 것은 어리석다. 영어 단어 하나 외웠다고 영어 할 줄 안다고 이야기하는 것과 같다. 진짜 운이 좋은 경우가 아니라면, 상품 하나만 올렸는데 그 상품이 불티나게 팔리는 일은 일어나지 않는다. 나는 초반에 최소한 100개의 상품은 올려봐야 한다고 생각한다. 처음에는 상품 페이지 디자인도, 상품 구색도 어설프다. 팔리지 않을 상품을 잔뜩 올려놓기도 한다. 하지만 상품 페이지를 만들다 보면 내가 파는 상품에 대해서도 좀 더 깊게 연구하게 되고, 그에 맞는 페이지를 만들게 된다. 또 페이지 만드는 기술도 늘고, 어떻게 만들어야 사람들의 눈에 띄는지도 알게 된다. 이런 경험이 쌓이다 보면 결국에는 상품의 종류에 맞는, 팔릴 만한 페이지를 만들게 될 뿐 아니라, 어떤 상품을 선별해서 팔아야 할지도 스스로 깨닫게 된다.

《10억짜리 홍보비법》이라는 책에서 상품 페이지 하나는 영업사원 한 명과 같다고 했다. 영업사원을 교육하는 것은, 그리고 영업사원 수를 늘리는 것은 사장님의 몫이다. 영업사원이 무려 100명이나 되는데, 등록비를 제외하면 추가로 월급을 주지 않아도 영업을 하는데 회사 매출이 안 나올 리가 없다. 초반에 SNS나 블로그를 통해서 여기저기에 인사도 시키면서 훈련을 시키자. 그러면 언젠가는 제 몫을 할 것이다.

그렇다고 이베이에 상품 등록 100개만 하면 끝일까? 겨우 기본을 통과했을 뿐이다. 통상 상품 등록 1,000개를 하면 월 1만 달러 전후의 매출을 달성한다고 한다. 1,000개의 상품 중 900개가 안 팔리는 상품일 수도 있다. 하지만 사이트에 올려보지 않고서는 어떤 제품이 팔리는 제품인지 알수 없다. 우선 열심히 올린 후 안 팔리는 제품은 내리고 팔릴 만한 제품들로만 꾸준히 올리면, 짱짱한 1,000개의 상품을 판매할 수 있게 되는 것이다. 어휘를 많이 알수록 언어를 배우는 데 유리한 것처럼, 상품 등록 개수가 많을수록 좋다. 선 판매 후 사입으로 도매 거래처 4~5곳만 확보해도 등록할 상품은 줄을 선다. 많이 하면 할수록 요령이 생겨 등록하는 속도는 점점 빨라질 것이다. 단, 너무 등록에만 목적을 두면 안 된다. 상품성을 따져서 정성스레 올린 1,000개의 상품이라야 판매가 된다. 해외판매는 부가세 환급까지 되니 마진율이 30%라 가정했을 때, 1만 달러 매출에 대한 순익은 300만 원가량이 될 것이다. 얼마만큼의 수익을 얻고 싶으냐 하는 것은 결국 판매자가 상품을 얼마나 등록하느냐에 달렸다.

실전 SNS 홍보

어느 순간, 슬럼프가 심하게 왔다. 일을 하면서 한 번도 지친다거나 쉬고 싶다는 생각이 든 적이 없었는데, 어느 날인가부터 많이 팔려도 별로 기쁘지 않고 안 팔리면 짜증나는 날들이 반복됐다. 하루 종일 신규 주문 버튼만 새로고침 하다가 주문이 들어오면 포장을 하고, 의자에 축 늘어져 앉아 있다가 하릴없이 인터넷 서핑을 하면서 질문이 들어오면 겨우 답변이나 하며 하루하루를 죽였다.

판매만 하니 삶이 무료해서 시작한 것이 페이스북이었다. 뭘 올릴까 고민하다가 일단은 신변잡기로 시작을 했다. 우리 동네 풍경, 우체국에 가서 포장된 상품을 부치는 이야기, 포장 선반이나 컴퓨터, 고민 끝에 고른 분홍색 마우스까지 나의 판매 비하인드 스토리를 올리자 하나둘씩 '좋아요'가 늘어나기 시작했다. 마침 유아용품을 판매하고 있어서, 'mom', 'baby'와 같은 키워드로 검색해 전 세계의 '엄마'에게 친구 요청을 보냈다. 페이스북은 무분별한 친구 요청을 경고하는데, 친구 요청을 하다 경고문이 뜨면 하루 이틀 쉬었다가 다시 요청하기를 반복하며 친구 늘리는 재미를 들였다. 출산·육아와 관련된 한국 문화도 알리며 수익과는 별개의 뿌듯함을 느끼기도 했다. 원래 SNS를 좋아하는 사람은 수익보다는 이런 주위의 '반응'에 민감해하기 마련이다. 내 이야기가 '좋아요'를 통해서 전파되자, 친구의 친구들이 나에게 먼저 친구 요청을 했다. 친구가 1,000명을 넘어가자 오는 요청에만 응답해도 될 정도로 친구가 많이 모였다. 나는 중간중간 해외 판매 스토어를 넌지시 홍보하고 특별한 할인 혜택과 사은 행사를 강조하며 엄마들에게 내 상품을 판매했다. 나는 '페이지'를 만드는 대신 개인 계정으로 페이스북을 시작했는데, 5,000명의 친구밖에 만들 수 없다는 단점이 있지만 특별한 브랜드가 아닌 이상 페이지에 '좋아요'를 받는 것이 더 쉽지 않으므로, 처음에는 개인 계정으로 시작하는 것이 유리할 수 있다. 5,000명의 친구가 다 찬 후에는 내 소식을 받고 싶은 친구들이 나를 팔로우하면서 내 소식을 전할 수 있었다. 페이스북 때문이라고 딱 꼬집어 말할 수 있는 근거는 없지만, 어쨌든 그때부터 제자리걸음만 하던 해외 판매가 한층 성장하면서 월 1만 달러 매출을 돌파하기 시작했다. 그러자 죽어가던 나의 열정도 조금씩 되살아났고, 다시 판매하고 배송하느라 정신없는 시기가 왔다.

SNS 마케팅에 정답은 없다. SNS 종류가 점점 다양해지면서, 요즘은 각자 스타일에 맞게 선택해 운영한다. SNS 친구가 늘면, 매출 향상에 큰 도움이 될 뿐만 아니라 고객의 소리를 현장에서 바로바로 들을 수 있어서 많은 도움이 된다. 특히 오픈마켓에서만 판매를 하는 사람은 SNS를 꼭 이용해야 한다. 오픈마켓에서 단골 고객을 관리하기란 쉽지가 않기 때문이다.

개인 쇼핑몰으로 힘들게 가입시킨 내 회원들도 1회 구매에 그치고 다시는 찾지 않는 경우가 태반이다. 하지만 SNS을 통해 친구가 된 고객들은 마치 어릴 적 내가 들어가 볼 수 없었던 슈퍼마켓 계산대 뒤가 어떻게 생겼는지 궁금해했던 것처럼 판매자의 비하인드 스토리를 재미있어 한다. 이렇게 맺어진 고객님들은 두고두고 나의 든든한 지원군이 될 수 있다. 이런 것이 없다면 오픈마켓에 올려놓았던 무수한 상품들의 그 많던 고객들을 '상품 종료' 버튼만 누르면 한순간에 다 잃을 수 있다.

SNS의 거대한 파도가 한 번 지나가며 요즘은 SNS로 공개되는 사생활의 위험성과 SNS에 시간과 노력을 투자하는 것에 대해 피로감을 느끼는 사람이 많다는 기사가 종종 보인다. 실제로 싸이월드와 페이스북, 카카오스토리, 인스타그램으로 활동 무대를 옮겨가며 바짝 자신의 이야기를 업데이트하던 사람 중에 요즘에는 많이 시들해진 사람도 많다. 하지만 SNS를 잘 운영하면 내 수익 모델과 연결할 수 있는 계기도 되고, 또 다른 삶의 활력이 된다. 나 역시 혼자 장사만 하다가 친구들을 만들어서 '노니까' 좋았다. 놀며 재미로 일을 하는 것이 오랜 내 스타일이기 때문에 지하철에서 든 친구를 기다리면서든 비는 시간에 페이스북에 심취했고, 그러다 보니 내 중요한 자산 중 하나가 됐다.

돈 굳히는 팁

창업 초반에 수익을 내기란 생각보다 힘든데, 그에 비해 돈 들어갈 곳은 의외로 많다. 남들이 좋다는 것 다 따라하다가는 만년 적자 신세를 벗어나지 못할 수도 있다. 그래서 많은 인터넷 업체들이 쉽게 생겼다가 쉽게 사라지는 것이다. 작은 비용이라도 절약할 수 있는 부분이 있는지 알아보는 것이 중요하다.

PG 가입

쇼핑몰을 운영하며 카드 결제를 받으려면 PG에 가입해야 한다. PG란 온라인 쇼핑몰에서 결제할 때 흔히 보는 이니시스, KCP, LG유플러스와 같은 결제 시스템을 말한다. 수많은 카드사와 일일이 계약을 할 필요가 없도록 중간 다리 역할을 해주는 업체인데, 가입비가 무려 22만 원이나 됐다. 한 달에 한두 개 팔면서 그런 큰돈을 쓸 수는 없었다. 그런데 정말 운 좋게도 그다음 달 한 PG사에서 가입비 무료 이벤트를 하는 것이었다. 당장 그 PG사로 가입했다. PG사는 결제 수수료 3.9%만 받아도 수익이 나니 이런 이벤트가 나올 만도 했다. 지금은 많은 PG사들이 가입비 무료 이벤트를 한다. 하지만 회사별로 다르고, 쇼핑몰도 유료 쇼핑몰을 쓰는 경우에만 무료 혜택을 주는 경우도 있으니 비교해봐야 한다.

우체국 할인카드

판매가 많아질수록 포장이나 배송에 들어가는 비용 역시 늘어난다. 이 비용을 줄이는 방법 중 하나는 우체국 할인카드를 만드는 것이다. 우체국을 매일 이용하는 니는 우체국 할인카드를 온 가족 이름으로 만들어서 쓴다. 여러 카드사에서 발행한 에버리치 우체국 체크카드는 매월 10만 원 사용 시 1만 원 할인을 해준다. 가족 이름으로 12장을 만들면 1년에 자그마치 144만 원이 절약된다. 144만 원의 순수익을 만들려면 얼마만큼의 매출을 더 만들어야 하는가. 이 비용을 마케팅에만 써도 부담을 줄일 수 있다.

도매 거래처 비교 검색

이 모든 것에 앞서서 가장 중요한 것은 먼저 상품을 저렴하게 공급해와야 한다는 것이다. 그래서 도매 거래처와 잘 지내면 좋다고 본문에서도 이야기했다. 그리고 도매 거래처를 만들었다고 해서 그 거래처에만 안주하지 말고 끊임없이 새로운 거래처를 모색해야 한다. 주부들도 어느 마트의 오렌지주스가 더 싼지 비교하고 골라 구매하는데, 회사 살림을 하는 사장님은 두말할 필요도 없다. 특히 요즘은 인터넷을 통해 무한 가격경쟁이 붙는다. 도매 거래처들끼리도 가격경쟁을 벌이기 때문에 때로는 오픈마켓 최저가 가격이 도매가를 밑돌기도 한다.

하면 할수록 더 할 수 있다

1억을 모은 후, 또 한 번의 시간을 열심히 보내고 나니 2억이 만들어졌다. 1억을 모을 때보다 걸린 시간이 짧았다. 1억을 만들기까지는 할 이야기가 많았는데, 1억에서 2억으로 가는 데까지는 특별한 일이 없었다. 이미 무수한 시행착오를 거치고 나니 요령이 생겼던 것 같다. 예상했던 대로 1억을 한 번 모으고 나니 2억은 쉬웠다. 학습에서 나온 자신감 때문이었으리라. 1억을 모으면서 과연 내가 할 수 있을까 하는 두려움과 1억 모으기가 얼마나 어려운 줄 아냐는 주변의 말이 나를 방해했다. 하지만 내 페이스대로 한 번 더 '더 벌고, 모으고, 안 썼더니' 2억도 꿈의 숫자만은 아니었다.

목돈이 생겼지만 돈을 굴리거나 투자를 하는 무리수를 두지 않았다. 왜냐하면 확신이 없었다. 베팅을 크게 해서 삽시간에 5억 원을 만드는 비상한 재주를 가진 사람도 있겠지만, 세상에 있는 좋다는 것이 다 내 것이 될 수는 없는 노릇이다. 그중에서 가장 하고 싶은 것, 가장 좋은 것, 가장 나에게 맞는 것을 골라 해야 하는 것이다. 나는 장사가 언제 어디서나 가장 재미있었다.

나 혼자의
시간을 견뎌라

어릴 적 본 만화영화 〈왈가닥 작은 아씨〉에 이런 장면이 있다. '맥가이버칼'을 현란하게 놀리던 불량한 동네 형이 부러웠던 어린 아이가 그 방법을 알고자 했다. 형은 자신의 말을 들으라며 조건을 제시했고 아이는 기꺼이 힘들게 형이 원하는 것을 해주었다. 이제 특별한 비법을 알려주겠지 하고 기대하던 아이에게 형은 이 한 마디를 남기고 자리를 떠버렸다.

"연습을 많이 하면 돼."

멘토를 찾아, 비법을 따라 여기저기 다니는 대신 나 혼자 집에서 끙끙대는 시간이야말로 지름길로 가는 길이다. 맥가이버칼을 돌리는 현란한 기술 뒤에는 혼자 나무 기둥에 등 대고 앉아 수만 번 연습하던 인고의 시간이 있었을 것이다. 1억을 가슴에 새기며 했던 가장 많이 했던 일은 언젠가는 나도 돈을 벌 거라 다짐하고 그 지루한 상품 등록 과정을 무한 반복하며 모니터와 질긴 싸움을 했던 것이다. 중국어가 트이게 된 비법도 친구들과 어울리기 전에 하루에 몇 시간씩, 몇 년 동안 연습장에 중국어 단어를 휘갈기며 외운 결과다.

자기계발서를 보면 열이면 열 다 똑같은 소리를 한다. 많이 하라, 꾸준히 하라, 기본에 충실해라……. 수많은 책에서 정답 중의 정답을, 비법 중의 비법을 이야기하지만, 결국 독자는 지루하고 귀찮은 일은 귓등으로 흘려보내고 자극적인 에피소드만 기억한다. 하지만 기본기 없는 화려한 테크닉만 따라해서는 백 날 해봐야 소용없다. 테크닉에만 시간과 돈을 투자하니 실패하고 만다. 기본은 결코 나를 배신하지 않는다. 기본기를 닦는 시간을 험난하게 겪으면 겪을수록 나만의 성공 비법이 생기고, 실패담은 성공담 옆에 양념처럼 버무린 맛깔 나는 에피소드가 될 것이다.

젊었을 때 한 철은
반드시 타올라야 한다

나는 언제까지 달려야 하는 걸까? 처음에는 얼마간의 기간이 지나면 편히 살겠지 싶었다. 고생 끝에 낙이 올 줄 알았으니까. '언젠가는 이 고생이 끝나겠지' 하는 믿음으로 인생의 바닥이 보일 때마다 이 악물고 버텼다. 하지만 인생은 달리기의 연속이었다. 두 발로 밟아야 달리는 자전거처럼 쓰러지기 전까지 쉬지 않고 페달을 밟아야 했다. 잠시 받침대를 세워두고 주차할 수는 있으나 오래 방치해두면 녹이 슨다.

어쩌면 나는 평생 이렇게 달릴지도 모른다. 그 달림에 끝은 없을 것 같다. 인생은 마라톤이라서 죽을 때까지 뛰어야 한다. 다만 처음에는 달리는 방법을 몰라서 전력 질주를 하다 지치기를 반복했고, 10미터밖에 안 달리고도 힘들어 했고, 100미터를 전력 질주한 후 탈진해버리기도 했다. 나는 서른이 넘어서야 내 페이스를 찾기 시작했다. 장기전이니까 내일을 위해서 오늘 힘을 쏙 빼지 말아야 한다는 것, 걷다 뛰다 해도 된다는 것을……. 그리고 계속 뛰다보니 마라톤 선수처럼 장거리를 뛰는 데도 100미터 기록이 18초가 나오는 재주도 생겼다. 이제는 하루라도 뛰지 않으면 안 될 정도로 습관이 됐다. 숨이 꼴딱꼴딱 넘어갈 것 같은 느낌도 좋다. 달리는 순간을 즐기게 된 것이다.

하다 보면, 하면 할수록 더 할 수 있다는 사실을 알게 된다. 마음의 힐링, 너무 애쓰지 않는 삶, 여유 있는 삶도 좋지만, 젊었을 때 한 번은 반드시 타올라야 한다. 그 대상이 무엇이든 타의가 아닌 자기 스스로 선택해 스스로 만족할 때까지 타올라야 한다. 공부든 돈이든 꿈이든 본인이 원하는 것으로 타오르기를 응원한다. 부디 대한민국 모든 청춘들이 먹고살 만해졌으면 좋겠다.

서른 살, 나에게도 1억이 모였다

1판 1쇄 인쇄 2016년 11월 11일
1판 1쇄 발행 2016년 11월 18일

지은이 이혜미
펴낸이 고영수

경영기획 이사 고병욱
기획편집1실장 김성수 | 책임편집 이은혜 | 기획편집 윤현주, 장지연
마케팅 이일권, 이석원, 김재욱, 김은지 | 디자인 공희, 진미나, 김경리 | 외서기획 엄정빈
제작 김기창 관리 주동은, 조재언, 신현민 | 총무 문준기, 노재경, 송민진

교정 심지혜

펴낸곳 청림출판(주)
등록 제1989-000026호

본사 06048 서울시 강남구 도산대로 33길 11 청림출판(주) (논현동 63)
제2사옥 10881 경기도 파주시 회동길 173 청림아트스페이스 (문발동 518-6)
전화 02-546-4341 팩스 02-546-8053
홈페이지 www.chungrim.com
이메일 cr1@chungrim.com
블로그 blog.naver.com/chungrimpub / 페이스북 www.facebook.com/chungrimpub

ISBN   978-89-352-1133-3 (03320)